管理有道
销售有招

郑和生◎著

台海出版社

图书在版编目（CIP）数据

管理有道　销售有招 / 郑和生著. -- 北京 : 台海出版社, 2025. 7. -- ISBN 978-7-5168-4252-2

Ⅰ. F274

中国国家版本馆 CIP 数据核字第 20251731ZL 号

管理有道　销售有招

著　　者：郑和生

责任编辑：王　萍

出版发行：台海出版社

地　　址：北京市东城区景山东街 20 号　　　　邮政编码：100009

电　　话：010-64041652（发行、邮购）

传　　真：010-84045799（总编室）

网　　址：www.taimeng.org.cn/thcbs/default.htm

E - mail：thcbs@126.com

经　　销：全国各地新华书店

印　　刷：三河市天润建兴印务有限公司

本书如有破损、缺页、装订错误，请与本社联系调换

开　　本：710 毫米×1000 毫米　　1/16

字　　数：187 千字　　印　　张：13

版　　次：2025 年 7 月第 1 版　　印　　次：2025 年 7 月第 1 次印刷

书　　号：ISBN 978-7-5168-4252-2

定　　价：49.80 元

前　言

在瞬息万变的商业环境中，无论是企业高管还是一线销售，都面临着前所未有的挑战。如何打造一支高效协同的团队，如何在激烈的市场竞争中脱颖而出，成为每一位管理者和销售精英必须深思的问题。正是基于这样的背景，《管理有道 销售有招》应运而生，旨在为广大的管理者和销售人员提供一套全面而实用的指南。

本书分为上下两篇，上篇“管理有道”聚焦于团队管理的核心问题，从团队凝聚力、目标与绩效、时间与任务管理、沟通与冲突化解，到领导力与决策力等多个维度进行深入探讨。通过剖析真实案例，引用经典管理理论，并引入具体工具和方法论，帮助管理者构建高效团队，实现团队效能的最大化。无论是破解团队凝聚力之谜，还是打造公平透明的绩效考核体系，抑或是提升领导力与决策力，本书都提供了详尽的策略和实用的建议。

下篇“销售有招”则聚焦于销售领域的实战技巧，从客户开发、销售技巧提升、客户关系维护、销售团队管理，到销售策略制定等多个方面展开。通过分享高效开发客户的策略、提升销售技巧的方法、维护客户关系的艺术，以及管理销售团队和制定销售策略的经验，帮助销售人员提升个人能力，实现销售业绩的持续增长。无论是洞察客户需求的“雷达”，还是双赢谈判的“平衡术”，抑或是销售策略的“制胜法宝”，本书都提供了丰富的案例和实用的技巧。

《管理有道 销售有招》不仅是一本理论书籍，更是一本实战手册。它融合了最新的管理理念和销售技巧，通过生动的故事和真实的案例，让读者在轻松愉快的阅读中掌握核心要点。同时，本书还注重实用性和可操作性，提供了大量的工具和模板，方便读者在实际工作中直接应用。

无论你是初入职场的新人，还是经验丰富的老将，无论你是企业的高管，还是一线的销售人员，《管理有道 销售有招》都将是你不可或缺的伙伴。它将帮助你提升个人能力，打造高效团队，实现个人与企业的持续发展。在这个充满机遇与挑战的时代，让我们一起携手并进，共同创造更加辉煌的未来！

目　录

上篇　管理有道——解锁高效团队的秘密

上篇

管理有道——解锁高效团队的秘密

第一章　铸就高效团队之魂

在追求卓越的道路上，高效团队是企业成功的基石。本章将深入探讨如何打造一支凝聚力强、执行力高的团队。我们将从解决团队凝聚力不足的问题入手，分享提升团队执行力的有效策略，进而构建高效的团队沟通机制。同时，分享如何设计科学合理的团队激励机制，激发团队潜能，确保团队成员能够齐心协力，共同迈向成功。

1.1　破解团队凝聚力之谜

常见问题

问题一：团队成员会缺乏共同目标，导致各自为战。

问题二：沟通不畅，信息传递效率低下。

问题三：团队成员之间会缺乏信任，关系变得疏离。

奇案大观

迷失方向的“星辰团队”

某科技公司是一家初创公司，专注于人工智能技术的研发。公司成立初期，创始人李明凭借自己在行业内的资源和影响力，迅速组建了一支由五名顶尖技术人才组成的团队，命名为“星辰团队”。李明对这支团队寄予厚望，认为凭借他们的专业能力，公司能够在短时间内推出一款颠覆性的AI产品，迅速占领市场。

团队中的每位成员都是各自领域的佼佼者：张伟是算法设计的天才，曾在国际顶级期刊上发表过多篇论文；王丽是数据挖掘专家，擅长从海量数据中提取有价值的信息；刘强是硬件开发的资深工程师，拥有丰富的硬件架构经验；赵敏则是经验丰富的项目经理，曾主导过多个大型科技项目；而李明自己则是一位技术出身的创业者，对行业趋势有着敏锐的洞察力。

然而，尽管团队成员的个人能力出众，团队的整体表现却远低于预期。半年过去了，项目进度一再拖延，产品质量也未能达到预期。李明开始感到焦虑，他不明白为什么一支由顶尖人才组成的团队，却无法发挥出应有的战斗力。

问题的根源逐渐浮出水面：团队缺乏凝聚力。张伟和王丽在算法设计上意见不合，常常因为技术细节争论不休。张伟认为应该采用更复杂的模型以提高精度，而王丽则主张简化模型以提高效率。两人的争执不仅浪费了大量时间，还影响了团队的氛围。

刘强则觉得自己被边缘化。他认为硬件开发是AI产品的重要组成部分，但在团队中，硬件开发似乎总是被忽视。每次讨论技术方案时，大家的关注点都集中在算法和数据上，刘强的意见很少被采纳。他感到自己的价值没有得到认可，逐渐对工作失去了热情。

赵敏作为项目经理，试图协调各方，但由于缺乏权威，她的建议常常被忽视。她曾多次提议召开项目复盘会，分析问题并制定改进计划，但每次会议都因为技术争论而不了了之。赵敏感到无奈，她觉得自己就像一个“传话筒”，无法真正推动团队前进。

李明虽然意识到了问题，但却不知道如何解决。他尝试过与每位成员单独沟通，但效果甚微。张伟和王丽依然争执不休，刘强依然感到被忽视，赵敏依然无法发挥她的管理作用。李明感到前所未有的压力，他开始怀疑自己是否适合担任团队的领导者。

案例探秘

（1）目标一致性

星辰团队的首要问题在于缺乏共同目标，这与现代管理学之父彼得·德鲁克的目标管理理念相悖。德鲁克认为，一个有效的组织必须明确其目标，并确保每个成员都了解并致力于这些目标。在星辰团队中，尽管成员们个个才华横溢，但由于缺乏统一的目标，他们各自为战，无法形成合力。

（2）沟通机制

有效的沟通是团队协作的基石，而星辰团队中，技术争论往往因为没有有效的沟通渠道和决策机制而升级为冲突。这类似于沟通漏斗理论，即信息在传递过程中会逐渐减少或失真，导致团队成员之间的误解和隔阂。

（3）信任与协作

团队成员之间缺乏信任。信任是团队协作的润滑剂，缺乏信任的团队往往难以形成有效的合作。此外，团队成员之间的竞争意识过强，合作意识不足，导致大家更关注个人表现而非团队整体成果。

（4）领导力缺失

情境领导理论认为，领导者应根据团队成员的成熟度和任务的复杂性来调整自己的领导风格。李明过于依赖团队成员的专业能力，却忽视了团队管理和文化建设的重要性，这导致他在面对团队问题时缺乏有效的应对策略。

策略宝典

（1）明确共同目标

使用“SMART原则”来设定团队目标。SMART原则即具体（Specific）、可测量（Measurable）、可达成（Achievable）、相关性（Relevant）和时限性（Time-bound）。通过设定这样的目标，可以确保每位成员都明确自己的职责和贡献，从而增强团队的凝聚力。

（2）建立高效沟通机制

引入“站会”和“复盘会”。站会是一种简短、高效的沟通方式，每天固定时间召开，让团队成员快速分享自己的工作进展、遇到的问题和需要的帮助。复盘会则用于每周或每月对团队的工作进行总结和反思，以便及时调整策略和改进工作方法。

（3）培养信任与协作

组织“团队建设活动”，如户外拓展、团队游戏等。这些活动可以增进成员之间的了解和信任，同时也有助于发现每个人的优点和潜力。此外，还可以设立“交叉培训”机制，让成员们有机会接触和学习其他领域的知识和技能，从而增强跨领域合作的能力。

（4）强化领导力

李明可以借鉴“教练式领导”的风格，通过提问、倾听和反馈来引导团队成员思考和解决问题。同时，他也可以参加“领导力培训”课程或阅读相关书籍来提升自己的领导技能。此外，引入“外部顾问”或“导师制度”也是不错的选择，他们可以提供专业的建议和指导，帮助团队更好地应对挑战。

通过以上策略的实施，星辰团队逐渐找回了目标并增强了凝聚力。他们不仅成功推出了第一款产品，还在市场上获得了不错的反响。

1.2 打造团队行动力的密钥

常见问题

问题一：任务分配不清晰，导致责任归属模糊。

问题二：缺乏有效的监督和反馈机制，使得执行过程失控。

问题三：团队成员动力不足，造成执行力参差不齐。

奇案大观

执行力不足的“市场推广部”

某食品公司是一家在健康食品领域迅速崛起的新星，其市场推广部作为品牌与消费者之间的桥梁，承载着提升品牌知名度和扩大市场份额的重任。这个由十位来自不同专业背景、各有所长的成员组成的团队，涵盖了市场策划、广告投放、社交媒体运营、数据分析等多个关键岗位，每一个人都是精挑细选的精英。部门主管张伟，凭借多年深耕市场营销领域的经验和敏锐的市场嗅觉，对本公司的未来充满信心，他坚信，只要团队齐心协力，定能在竞争激烈的健康食品市场中开辟出一片新天地。

然而，当新一年的市场推广计划轰轰烈烈地启动时，一系列预料之外的问题却如暗流涌动，逐渐浮出水面。尽管每位团队成员都具备出色的专业技能和满腔的热情，但项目的实际执行效果却与预期大相径庭。广告投放的时机仿佛总是与消费者的兴趣点擦肩而过，精心策划的市场活动方案频繁遭遇调整，而数据分析的结果，这本应是决策的重要参考，却迟迟未能提供及时且有力的支持。这一系列的问题，像一座座大山，压在了张伟的心头，让他不禁开始反思：为何这样一支由行业精英组成的团队，在执行市场推广任务时却显得如此步履维艰？

在一次紧急召开的部门会议上，张伟召集了包括广告投放、市场策划、数据分析在内的几位核心成员，试图通过集思广益，找到问题的症结所在。会议的气氛紧张而凝重，每个人都深知这次讨论的重要性。

负责广告投放的小李率先开口，他的话语中带着一丝无奈："我的广告投放计划总是被改来改去，有时候甚至一天之内就要更新好几个版本，这让我很难把握最佳的投放时机。"

紧接着，市场策划师小王也表达了她的困扰："我的策划方案经常因为缺乏最新的数据支持而被推翻，但数据收集和分析似乎总是滞后一步，让我无法根据市场变化做出及时调整。"

数据分析师小张则以一种更为理性的态度分析了问题："数据收集和分析确实需要时间，但往往等我完成报告，策划和投放的工作已经开始了，我的工作似乎总是在为昨天做总结，而不是为明天做预测。"

面对这些问题，张伟深知，只有找到问题的根源，才能对症下药，让团队重新焕发生机，推动本公司的市场推广计划迈向新的高度。

案例探秘

（1）任务分配与责任明确

市场推广部的问题首先在于任务分配不清晰，责任归属模糊。这导致了责任稀释效应，即当任务被分配给多人时，每个人对任务的责任感都会降低，认为别人会承担更多的责任。结果，工作重复或遗漏的现象频发，严重影响了执行效率。

（2）监督与反馈机制缺失

团队缺乏有效的监督和反馈机制，导致执行过程失控。没有及时检查和反馈，就无法发现问题并采取相应的改进措施，导致小问题逐渐累积成大问题。

（3）动力与激励机制不足

团队成员的动力不足是执行力低下的重要原因。根据马斯洛需求层次理论，人们在满足基本生理和安全需求后，会追求归属、尊重和自我实现的需求。然而，由于任务分配不合理和缺乏反馈，团队成员逐渐失去了工作的积极性和归属感。

（4）领导力与支持不足

张伟作为团队主管，未能充分发挥领导作用。他过于关注市场趋势和结果，忽视了团队管理和执行力的提升，导致团队成员在执行过程中遇到问题时无法得到及时的支持和指导。

策略宝典

（1）明确任务与责任

使用项目管理工具（如 Trello、Jira 或钉钉宜搭）制定详细的任务分配计划，明确每个人的具体职责和任务目标。确保每个人都清楚自己的责任和任务优先级，避免责任稀释效应。

（2）建立监督与反馈机制

引入“PDCA 循环”作为项目管理的方法论。制定计划，执行，检查进度和结果，然后采取行动进行改进。定期召开项目进度会议，及时发现问题并调整计划。建立透明的反馈渠道，鼓励团队成员主动汇报问题和进展。

（3）激发团队动力

设计合理的激励机制，如绩效奖金、晋升机会或团队活动，将任务完成情况与绩效挂钩。同时，关注团队成员的心理状态，及时提供支持和鼓励，增强他们的归属感和责任感。可以定期举办团队建设活动，增强团队凝聚力。

（4）强化领导力与支持

张伟需要更多地参与到团队管理中，不仅要关注市场趋势和结果，还要关注团队的执行力和成员的心理状态。他可以采用“情境领导理论”来调整自己的领导风格，根据团队成员的成熟度和任务的复杂性来提供适当的支持和指导。他还可以寻求外部培训或咨询，提升自己的领导能力和团队管理技能。

通过以上策略的实施，市场推广部逐渐找回了执行力。几个月后，他们成功推出了一系列市场推广活动，显著提升了品牌知名度和市场份额。团队的执行力显著提升，成员之间的合作也更加高效

1.3 构建高效团队沟通网络的策略

常见问题

问题一：信息传递效率低下。

问题二：问题反馈了，却不能及时解决。

问题三：团队成员不愿表达真实想法。

奇案大观

沟通困境中的“飞跃创意广告”

某广告公司是一家在广告界享有盛誉的公司，以独特的创意和高效的执行力著称。近年来，公司承接了一系列大型广告项目，为了应对日益增长的业务需求，公司决定组建一支由多名精英组成的“飞跃团队”，专门负责高端品牌的广告策划与执行。团队负责人赵敏，是一位在广告行业摸爬滚打多年的资深人士，她对团队寄予厚望，相信凭借这支团队的实力，定能在广告界再创佳绩。

然而，项目启动不久后，问题逐渐浮现。尽管团队成员个个才华横溢，但项目的进展却不尽如人意。赵敏发现，团队内部的沟通存在严重问题。信息传递混乱，任务分配不明确，问题反馈也不及时。她意识到，如果不解决沟通问题，项目将无法按时交付。

一天上午，赵敏召集了团队会议，试图找出问题的根源。会议室内，团队成员陆续入座，气氛显得有些紧张。赵敏站在投影仪前，目光锐利地扫过在场的每一个人。

“各位，我们的项目进度明显滞后，大家有没有什么想法？”赵敏开门见山，语气中带着一丝急切。

策划组的小陈首先发言：“赵总，我们的沟通太乱了。每次策划方案出来，客户那边总是有各种修改意见，但这些意见往往没有及时反馈给我们，导致我们反复修改，浪费了大量时间。”

设计组的小李也表达了不满：“是啊，设计稿经常改来改去，客户那边一变，我们这边就得跟着变，但很多时候我们并不知道具体要改成什么样，只能一次次地试错。”

执行组的小张更是苦不堪言：“我们执行团队在现场遇到问题时，根本没人能及时回应。比如上次拍摄，场地出了问题，我们联系不上策划和设计团队，最后只能自己想办法解决，结果拍摄效果大打折扣。”

赵敏听着大家的抱怨，心里五味杂陈。她意识到，团队内部的沟通机制存在严重问题。信息传递不畅，任务分配不明确，问题反馈也不及时。如果不解决这些问题，项目将无法按时完成，公司的声誉也将受到严重影响。

案例探秘

（1）沟通渠道不畅

根据美国管理学家乔治・埃尔顿・梅奥的人际关系学说，团队内部的信息流通不畅会直接影响工作效率。同时，彼得・德鲁克的目标管理理论也强调，明确的目标和任务是团队高效运作的基础，而沟通渠道不畅会阻碍这一目标的实现。

（2）反馈机制缺失

美国心理学家赫茨伯格的双因素理论指出，工作中的成就感、被认可等心理因素对员工的绩效和工作满意度有重要影响。而有效的反馈机制正是这些因素的重要组成部分。团队成员在遇到问题时无法及时获得反馈，导致问题积累，影响项目进度。

（3）沟通氛围不开放

团队成员之间缺乏信任，不愿表达真实想法，导致沟通氛围紧张，信息传递受阻。美国管理学教授斯蒂芬·P. 罗宾斯的组织行为学理论强调，团队内部的沟通氛围对团队绩效有着重要影响。一个开放、包容的沟通氛围能够激发团队成员的积极性和创造力。

（4）领导力与支持不足

团队负责人未能充分发挥领导作用，对团队沟通机制的建立和完善关注不够，导致团队成员在沟通中遇到困难时无法得到及时的支持和指导。领导力理论强调，优秀的领导者应该具备沟通能力、决策能力和支持团队成员的能力。而“飞跃团队”的负责人在这些方面存在明显不足。

策略宝典

（1）建立高效的沟通渠道

引入即时通讯工具，如钉钉、企业微信等，确保信息传递及时、准确。建立项目管理系统，如 Trello 或 Jira，明确任务分配和进度跟踪，减少信息传递中的误差和遗漏。设立固定的项目会议时间，如每日晨会和每周总结会，确保团队成员之间的信息同步。

（2）建立有效的反馈机制

引入敏捷开发的“看板”方法，实时展示项目进展和问题反馈，确保问题能够及时发现和解决。设立专门的反馈渠道，如邮箱或在线表单，鼓励团队成员主动反馈问题和建议。

定期对反馈进行汇总和分析，找出问题的根源，并采取相应措施进行改进。

（3）营造开放的沟通氛围

通过团队建设活动，如户外拓展、团队聚餐等，增强团队成员之间的信任和默契。开展沟通培训，提高团队成员的沟通技巧和表达能力，鼓励开放、透明的沟通氛围。领导者要在沟通中起到表率作用，主动倾听团队成员的意见，建立双向信任。

（4）强化领导力与支持

赵敏需要更多地参与到团队管理中，不仅要关注项目进度，还要关注团队的沟通机制和成员的心理状态。为团队成员提供必要的资源和支持，如培训、指导等，帮助他们解决沟通中遇到的困难。定期对团队成员进行绩效评估，及时给予认可和奖励，激发团队成员的积极性和创造力。

通过以上策略的实施，“飞跃团队”逐渐提高了沟通效率。两个月后，他们成功交付了高端品牌的广告项目，并在客户中赢得了广泛好评。团队的沟通效率显著提升，成员之间的合作也更加顺畅。

1.4 设计激发团队潜能的激励机制

常见问题

问题一：即使公布了激励方式，团队仍然无法有效完成任务。

问题二：激励措施未能充分调动团队成员的积极性和创造力。

问题三：缺乏长期激励机制，导致团队成员的动力难以持续。

奇案大观

激励失效的“卓越服务团队”

某服务公司是一家知名的连锁餐饮企业，专注于提供高品质的餐饮服务。公司成立五年，凭借优质的服务和创新的菜品，迅速在市场上站稳了脚跟。为了进一步提升服务质量，公司决定组建一支由十名精英组成的“卓越服务团队”，负责提升客户满意度和优化服务流程。团队负责人李强是一位经验丰富的管理者，他对团队的服务能力充满信心，认为只要激励机制到位，团队一定能够高效完成任务，提升客户满意度。

然而，项目启动三个月后，问题逐渐显现。尽管团队成员个个能力出众，但项目的进展却远低于预期。客户满意度调查结果显示，服务质量并未显著提升，客户投诉率反而有所上升。李强开始感到困惑，他不明白为什么一支由精英组成的团队，却无法高效地完成任务。

一天下午，李强坐在办公室里，盯着墙上的项目进度表，眉头紧锁。进度表上，红色的延迟标记比绿色的完成标记多得多。他叹了口气，拿起电话，拨通了项目经理张丽的号码。

“张丽，你过来一下，我们得谈谈。”李强的声音里带着一丝疲惫。

几分钟后，张丽走进了李强的办公室。她手里拿着一份项目报告，脸上写满了无奈。

“李总，这是最新的项目报告。”张丽将报告递给李强，“客户满意度调查结果显示，服务质量并未显著提升，客户投诉率反而有所上升。我们的服务团队已经尽力了，但效果并不理想。”

李强翻看着报告，脸色越来越难看。“为什么会这样？我们不是已经制定了激励机制吗？”

张丽叹了口气，“激励是激励了，但大家的积极性还是不高。前台服务的小王觉得激励方式太单一，只有奖金，没有其他形式的认可。后厨的老李则认为激励与绩效脱节，干多干少一个样。客户服务部的刘姐更是直接表示，缺乏长期激励机制，大家的动力难以持续。”

李强揉了揉太阳穴，“那大家的态度呢？有没有人主动解决问题？”

张丽摇了摇头，“说实话，大家的积极性都不高。激励方式单一，很多人觉得自己在瞎忙活。再加上激励与绩效脱节，问题越积越多，大家都有点泄气了。”

李强深吸了一口气，意识到问题的严重性。他知道，如果不解决激励机制问题，团队将无法完成项目目标。他必须找到一种方法，让团队重新焕发活力。

案例探秘

（1）激励方式单一

卓越服务团队的问题首先在于激励方式单一。李强虽然制定了激励机制，但只有奖金，没有其他形式的认可。根据赫茨伯格的双因素理论，激励因素（如成就感、认可）和保健因素（如薪资、工作条件）共同影响员工的工作态度。单一的物质激励无法满足员工的多样化需求，导致积极性不高。

（2）激励与绩效脱节

团队缺乏有效的绩效评估机制，导致激励与绩效脱节。根据期望理论，员工的努力程度取决于他们对绩效与奖励之间关系的预期。如果员工认为努力与回报无关，他们的积极性会大幅下降。卓越服务团队的激励与绩效脱节，导致干多干少一个样，大家的积极性都不高。

（3）缺乏长期激励机制

团队缺乏长期激励机制，导致团队成员的动力难以持续。根据马斯洛的需求层次理论，员工在满足基本需求后，会追求更高层次的需求，如自我实现和归属感。缺乏长期激励机制，无法满足员工的长期需求，导致动力难以持续。

（4）领导力与支持不足

李强作为团队负责人，未能充分发挥领导作用。他过于关注技术进展，忽视了团队激励机制的建立和完善。根据变革型领导理论，领导者需要通过愿景激励和个性化关怀来激发员工的潜能。李强未能提供足够的支持和指导，进一步削弱了团队的效率。

策略宝典

（1）多样化激励方式

制定多样化的激励方式，如奖金、晋升机会、培训机会等，满足团队成员多样化需求。通过多样化的激励方式，增强团队成员的积极性。例如，可以引入“月度最佳员工”评选，给予公开表彰和额外奖励。

（2）建立有效的绩效评估机制

引入有效的绩效评估机制，确保激励与绩效挂钩。通过绩效评估机制，激励团队成员高效完成任务。例如，可以使用 KPI（关键绩效指标）来量化员工的工作表现，确保激励与绩效紧密相关。

（3）设计长期激励机制

设计长期激励机制，如股权激励、长期奖金等，确保团队成员的动力持续。通过长期激励机制，增强团队成员的归属感和责任感。例如，可以设立“年度服务之星”奖项，给予长期贡献的员工额外奖励和荣誉。

（4）强化领导力与支持

李强需要更多地参与到团队管理中，不仅要关注技术进展，还要关注团队的激励机制和成员的心理状态。为团队成员提供必要的资源和支持，帮助他们解决执行过程中遇到的困难。例如，可以定期举行团队建设活动，增强团队凝聚力和信任感。

通过以上策略，卓越服务团队逐渐提高了效率。两个月后，他们成功提升了客户满意度，并在市场上获得了广泛好评。团队的激励机制效果显著提升比，成员之间的合作也更加顺畅。

第二章　如何让团队事半功倍

本章以“目标—行动—结果”为主线，破解团队执行中的五大症结：用 SMART 法则锚定方向、以透明考核为标尺、用动态反馈推动迭代、平衡目标与资源冲突、设计可落地的改进闭环。聚焦实效，让绩效成为团队进化的燃料，而非负担。

2.1　设定清晰的目标，让团队不再迷茫

常见问题

问题一：目标模糊或过于宏大，缺乏具体执行路径。

问题二：目标未分解到个人，导致责任分散、执行混乱。

问题三：目标与团队能力不匹配，引发挫败感或资源浪费。

奇案大观

目标失焦的“科技公司项目组”

某科技公司是一家在智能硬件研发领域内迅速崭露头角的初创企业，自成立之日起便以其敏锐的市场洞察力和创新能力赢得了市场的青睐。短短三年内，凭借一款智能家居设备的成功推出，这家科技公司不仅稳固了市场地位，更激发了公司上下对于未来发展的无限憧憬。为了进一步巩固并扩大这一竞争优势，公司高层决定启动一项名为“领航X计划”的重大项目，旨在“打造行业领先的智能生态系统”，以引领智能硬件行业的新一轮变革。

为此，这家科技公司组建了一个由15名跨部门精英组成的“领航科技项目组”，成员涵盖了研发、市场、运营等多个关键职能领域。作为项目组的负责人，赵敏以其深厚的技术背景和丰富的管理经验被寄予厚望。她坚信，只要团队能够紧密协作，共同朝着这一宏伟目标努力，就一定能够实现技术上的突破和市场上的飞跃。

然而，随着项目的深入推进，一系列问题开始逐渐浮出水面。研发团队发现，由于对于“智能生态系统”的具体定义缺乏统一认识，导致需求频繁变动，技术方案不得不反复调整。市场团队则抱怨产品定位模糊，多次提交的推广方案均因与公司高层期望不符而被驳回。运营团队则因资源分配不合理而与其他部门产生了诸多冲突，导致项目进度严重滞后。

某天下班后，赵敏在办公室复盘项目时，发现一份让他惊讶的数据报告：研发成本超支40%，市场调研重复率高达60%，核心功能的用户测试满意度仅为32%。她立刻召集项目组成员开会。

“谁能告诉我，为什么我们的进度这么慢？”赵敏强压怒火问道。

研发主管陈峰率先发言："赵总，我们连智能生态系统的具体定义都没统一。上周说要集成 AI 语音，这周又要求兼容第三方设备，技术方案每天都在改！"

市场经理林悦紧接着吐槽："我们按行业领先的目标做了三版推广方案，但每次汇报都被驳回。您总说'再大胆一点'，可我们连预算和用户画像都没对齐！"

运营专员小王小声补充："其实大家私下都在传，这个目标根本不可能实现……有的同事已经开始找新工作了。"

赵敏愣在原地。她突然意识到，自己引以为傲的"宏大愿景"，竟成了团队内耗的根源。

案例探秘

（1）目标模糊导致执行混乱

这家科技公司的问题始于目标设定过于抽象。"行业领先的智能生态系统"缺乏具体定义和阶段性里程碑。根据洛克的目标设定理论（心理学理论，强调目标清晰度对行为的影响），清晰、具体、可衡量的目标才能有效激发行动力。目标模糊导致各部门对"成功标准"理解不一，资源重复投入且效率低下。

（2）目标分解机制缺失

项目组未将整体目标拆解为部门及个人目标。根据 OKR（目标与关键成果）管理框架，目标需要层级化分解并公开透明。此项目组的"大目标"未落地为具体任务，导致责任分散、跨部门协作困难。

（3）目标与资源能力脱节

根据资源基础理论（战略管理理论，认为企业竞争优势源于独特资源），目标设定必须考虑团队的核心能力边界。强行追求高难度目标导致成员产生习得性无助（心理学概念，指经历失败后丧失行动意愿），甚至引发人才流失。

（4）沟通反馈渠道堵塞

赵敏作为管理者，未能建立有效的目标沟通机制。根据沟通适应理论（传播学理论，强调沟通中的动态调整），目标落地需要双向反馈和动态调整。单向的命令式传达使团队无法及时暴露风险，问题积压至爆发阶段才被发现。

策略宝典

（1）用 SMART 原则（目标管理工具）重构目标

将模糊目标拆解为符合以下标准的具体目标。例如，具体（Specific）：3 个月内完成 AI 语音模块开发；可衡量（Measurable）：用户测试满意度提升至 70%；可实现（Achievable）：优先整合已有合作的第三方品牌；相关性（Relevant）：聚焦家庭场景下的核心需求；时限性（Time-bound）：每两周同步一次里程碑进度。

（2）建立目标分解与对齐机制

使用 OKR 工具（目标与关键成果法）实现三级目标对齐。例如：公司目标（O）：构建智能家居生态闭环；部门关键成果（KR）：研发部完成 3 个设备协议兼容性测试；市场部由工程师张三负责协议接口开发。

（3）动态校准目标与资源匹配度

引入目标资源看板（项目管理工具），每周评估人力、技术、资金支持情况。人力资源：技术团队满负荷运转时暂停新需求接入；技术资源：核心算法未突破时引入外部专家；资金资源：预算超支 20% 时启动紧急融资预案。

（4）搭建双向沟通平台

实施三阶沟通机制：目标公示：每月初用数据可视化展示目标优先级（如热力地图）；障碍快报：每周五开展 15 分钟“红黄绿灯”汇报（绿灯正常 / 黄灯风险 / 红灯停滞）；校准会议：每季度组织跨部门代表用六顶思考帽法（平行思维工具）调整策略。

经过三个月调整，领航科技项目组焕发新生：研发周期缩短 30%，市场推广成本降低 25%，员工离职率下降至 5% 以下。更关键的是，团队形成了“目标共识文化”——从管理层到一线员工，每个人都清楚自己为何而战、如何取胜。这场“目标与绩效的共舞”，最终让星辰科技在智能家居赛道杀出重围。

2.2 打造公平透明的绩效考核体系

常见问题

问题一：考核标准模糊，主观评价占主导，引发员工质疑。

问题二：绩效考核与目标脱钩，无法真实反映贡献。

问题三：考核结果不透明，导致信任缺失与内部矛盾。

奇案大观

“迷雾考核”下的某教育机构

某教育公司是一家以少儿编程培训为核心业务的新锐教育机构，自创立之初便凭借其独树一帜的课程体系，在短短三年内实现了从初创到拥有 20 家线下校区的飞跃式发展。为了持续激发教师团队的活力与创造力，创始人周浩精心构思了一套绩效考核制度，旨在通过“课程质量”“家长满意度”及“续费率”三大维度，全面而公正地评估每位教师的工作成效。

然而，这套看似周全的考核制度，在实施过程中却逐渐显露出其潜在的隐患。其中，“课程质量”这一关键指标，仅凭区域主管的主观判断进行打分，缺乏明确、量化的评价标准，为公正考核埋下了隐患。加之考核结果从未公开透明，教师团队内部对于评分标准的疑惑与不满日益累积，团队氛围逐渐变得紧张而内耗。

2023 年暑期，这家教育公司为了进一步提升教学质量与品牌影响力，推出了“金牌讲师计划”，承诺对绩效考核中排名前 10% 的教师给予年薪翻倍的丰厚奖励。这一举措本意是激励教师团队追求卓越，却未曾料到，它成为考核制度漏洞的一次集中暴露。

杭州校区的资深讲师张琳，教学经验丰富，教学效果卓越，所带班级的续费率高达 85%，在全校乃至全公司都名列前茅。然而，在“金牌讲师计划”的首次评选中，张琳却因课程质量分意外落选，而取代她的，竟是入职不久、家长满意度仅为 60% 的新教师王某。据传，王某之所以能连续两个月在“课程质量”评分中位列前三，很大程度上得益于其与区域主管的私交。

这一不公的结果，终于在一次全员会议上引发了激烈的争议。张琳站了出来，用坚定的语气质问：“我的续费数据全公司第一，为什么考核总分反而垫底？评分标准到底是什么？”她的发言如同一石激起千层浪，其他教师也纷纷表达了自己的不满与困惑，有人甚至晒出了匿名邮件截图，直指某些主管在考核过程中存在不当干预，要求下属“适当调整评分以平衡团队情绪”。

面对教师的集体质疑，周浩虽然努力想要平息争议，声称考核是“综合考虑多方面因素”的结果，但在缺乏透明度和公正性的考核体系面前，这样的解释显得苍白无力，现场无人信服。

最终，这场因考核制度不公而引发的风波，以张琳带着 5 名核心教师跳槽至竞争对手公司而告终。在离职信中，张琳深情而无奈地写道：“在这里，努力抵不过一句‘领导觉得’。我希望我的离开，能给公司带来一些反思与改变，让真正的才华和努力得到应有的认可与回报。”

案例探秘

（1）主观评价引发公平性质疑

这家教育公司的考核制度违背了亚当斯公平理论——当员工感知到投入与回报不匹配时，会产生强烈的不公平感。模糊的“课程质量”评分缺乏客观依据，主管的个人偏好凌驾于数据之上，直接摧毁了考核的公信力。

（2）目标与考核脱节导致激励失效

尽管设定了“续费率”等业务指标，但考核并未严格执行目标导向原则。根据洛克的目标设置理论，明确的、与目标绑定的考核标准才能驱动有效行动。这家教育公司将客观数据与主观评分简单叠加，导致教师专注“讨好领导”而非提升业务绩效。

（3）暗箱操作催生信任危机

考核过程不透明、结果不公开，违反了组织公平理论中的程序正义原则。员工无法追溯评分逻辑，怀疑存在暗箱操作，最终演变为群体性信任崩塌。

（4）反馈机制缺失加剧矛盾

绩效考核缺乏双向沟通，员工既不知道“为什么得分低”，也不清楚“如何改进”。根据沟通调节理论，单向考核会放大防御心理，而透明反馈才能将考核转化为成长工具。

策略宝典

（1）量化考核标准，减少主观干预

用 SMART 原则 [目标管理工具，确保目标具体（Specific）、可衡量（Measurable）、可实现（Achievable）、相关性（Relevant）、时限性（Time-bound）] 重构指标，课程质量：教案标准化评分（占比 40%）+ 课堂录像 AI 分析（占比 30%）+ 学生作品完成率（占比 30%）；家长满意度：系统自动采集课后评价（低于 80 分触发复核机制）；续费率：剔除自然流失数据，仅计算“可挽回客户”转化率。引入第三方审计，定期抽查评分合规性。

（2）建立目标与考核的强关联

采用 OKR［目标与关键成果法：目标管理框架，通过设定目标（Objective）与衡量成果（Key Results）推动执行］+ 绩效考核双轨制：教师个人 OKR（如“提升高阶课程转化率至 25%”）直接挂钩考核权重；区域团队 OKR（如“降低家长投诉率 20%”）影响主管考核得分；设置“红绿灯看板”［项目管理工具，用绿色（正常）、黄色（预警）、红色（停滞）标识目标进度］，实时公示目标进度与考核数据关联度。

（3）全流程透明化改革

考核过程公开：在内部系统开放评分记录，教师可随时查看评分人、评分依据及备注；结果多维公示：按校区、课程类型、教龄等维度生成考核分布图，消除暗箱操作的空间；申诉通道：设立跨部门评审委员会，员工对争议评分可提交证据申请复议。

（4）嵌入持续反馈机制

考核前校准：每月初由教师与主管共同确认当月考核重点与数据采集规则；考核中跟进：当目标进度偏差超过 15% 时，系统自动触发改进方案研讨会；考核后复盘：采用“三明治反馈法”（沟通技巧，通过“正面肯定→问题建议→改进支持”的结构化反馈提升接受度），形成个人成长路线图。

经历半年改革后，这家教育公司的教师离职率下降 60%，学生续费率同比提升 18%，更在当年荣获“教育行业最佳雇主”称号。

2.3 高效反馈：让团队成长不再停滞

常见问题

问题一：员工听完反馈后仍然我行我素。

问题二：反馈后团队矛盾反而激化。

问题三：反馈不能推动业绩增长。

奇案大观

“沉默螺旋”中的医疗器械销售军团

2024 年，某医疗公司的华东大区销售团队曾创下年度增长 76% 的辉煌战绩。这支由 35 名医药代表组成的铁军，在总经理陈锋“结果导向、狼性文化”的管理下，常年占据心脏支架产品的区域销售榜首。然而这个被称为“冠脉突击队”的明星团队，却在 2023 年遭遇了滑铁卢式的崩盘。

新任大区总监陆明阳的空降成为转折点。这位曾在外企任职的海归派管理者，笃信“压力锻造精英”的管理哲学。每周一的晨会上，他总会将销售数据投屏展示，用红笔圈出未达标的成员名字。“张晓琳，上周只拜访了8家医院？这种工作量怎么配留在A组？”“王振宇，你的客情费用超标15%，自己想想怎么填窟窿！”冰冷的质问声回荡在会议室，被点名的员工低头攥紧拳头。

更致命的是反馈机制的断裂。28岁的金牌销售李娜对此深有体会。三月份她发现某三甲医院采购流程异常，连续三周在系统提交预警报告，却始终未获指导。直到该医院季度订单暴跌60%，陆明阳在复盘会上将文件夹摔向桌面：“这就是所谓销冠的水平？早干什么去了！”李娜眼眶泛红地辩解曾多次上报，换来的却是“我不想听借口”的呵斥。

七月份发生的“PPT事件”彻底激化了矛盾。主管要求所有代表将客户分析做成动态数据模型，却未提供任何培训。当90后销售张昊用三天时间做出包含患者流分析、竞品渗透率热力图的专业报告后，陆明阳在部门群里@全员：“看看人家小张的作业！某些老员工连基础图表都做不好，公司不养闲人！”这种公开的对比式批判，让团队微信群彻底沉寂——此后两周内，5名资深代表开始称病请假。

危机在九月集中爆发。先是李娜带着核心医院资源跳槽至竞争对手，接着团队季度新客户开发量同比下跌42%。当人力资源总监介入调查时，匿名问卷呈现触目惊心的结果：83%的员工认为“得不到有效工作指导”，67%的人“不清楚业绩评价标准”，更有尖锐留言写道：“在这里，反馈就是秋后算账的刑具。”

案例探秘

（1）反馈延迟加剧执行偏差

有效反馈应具备即时性。这家医疗公司的预警响应滞后达21天（行业标准应≤3天），使小问题演变成重大损失。管理者将反馈异化为事后追责，违背了控制论中的前馈调节原理。

（2）破坏性批评引发心理抗拒

陆明阳采用的“羞辱式激励”触发心理学上的“超限效应”。当批评强度超过承受阈值，员工会产生习得性无助。赫茨伯格双因素理论指出，这类负向激励仅能消除不满，却无法产生成长动力。

（3）单向沟通造成信息扭曲

沟通视窗理论显示，管理者过度聚焦公开象限（如销售数据），却忽视盲点象限（员工真实困境）和隐藏象限（主观能动性）。缺乏“反馈澄清确认”的闭环，导致 70% 的指导信息被曲解。

（4）情感账户透支摧毁信任

根据社会交换理论，陆明阳持续提取团队情感账户中的“信任存款”却未存储支持性资源。当账户余额为负时，高价值员工必然选择终止“心理契约”。

策略宝典

（1）搭建实时反馈系统

应用 GROW 模型（目标—现状—选择—意愿模型），在销售管理平台嵌入四步对话模块，目标（Goal）：设定拜访量达标值；现状（Reality）：系统自动抓取连续 3 天未达标数据；选择（Options）：触发“协同拜访流程”等 3 种改进方案；意愿（Will）：员工自主选择执行方案并签署电子承诺书。例如当代表拜访量连续 3 天低于标准时，系统自动触发主管协同拜访流程，而非月底集中批评。

（2）推行 SBI 结构化反馈

采用 SBI 模型（情境—行为—影响模型），情境（Situation）：明确时间 / 地点 / 事件（如“周二仁和医院科室会”）；行为（Behavior）：描述具体可观察动作（如“准备定制化临床数据”）；影响（Impact）：说明行为带来的结果（如“当场签署试用协议”）。

（3）实施双轨反馈机制

借鉴丰田 Andon 系统（安灯系统，丰田生产现场异常管理方法），建立“绿色通道”与“红色通道”：绿色通道，每日 15:00—16:00 为固定反馈窗口，员工可自主预约 15 分钟快速指导；红色通道，遇到紧急客诉或流程障碍时，启动跨部门 30 分钟响应机制。

（4）创建反馈效果仪表盘

运用 NPS（净推荐值，Net Promoter Score 评估体系）原理设计反馈质量评估。

设计反馈质量评估指标：“本次反馈是否明确改进方向？”（0—10 分制）。管理者得分计算方式：9—10 分为推荐者，7—8 分为被动者，0—6 分为贬损者。考核规则：连续 3 个月贬损者占比超 40% 需强制参加领导力培训。

实施该体系后，该公司 2023 年第四季度员工主动流失率下降 58%，新代表成单周期从 92 天缩短至 47 天。销售总监在年度总结中感慨：“真正的狼性不是互相撕咬，而是整齐划一的进化步伐。”

2.4 解决目标与资源的错位难题

常见问题

问题一：目标虚高，资源不足：销售目标增长 50%，但市场预算不增反降。

问题二：资源错配，南辕北辙：将核心研发团队投入非战略级项目。

问题三：僵化执行，动态失调：年初制定的资源分配方案，无法应对市场剧变。

奇案大观

空中楼阁崩塌记：某物流公司的华南困局

2022 年，某物流公司以“三年问鼎华南冷链第一”的豪言震惊业界。新任 CEO 方振业在战略会上挥斥方遒：“我们要用互联网思维颠覆传统冷链，明年市场份额必须突破 25%！”为此，总部将华南大区 2023 年营收目标从 3.2 亿元直接调高至 5 亿元，却仅增加 10% 的冷库容量预算。

时年 36 岁的区域总经理林海，在公司已工作八年。当他看到目标分解表时，手指微微发抖——按照新指标，日均货物处理量需达到 380 吨，而现有冷库极限承载量仅 280 吨。在视频会上，他尝试陈述现实："广州白云枢纽站的制冷机组已超负荷运转，如果……"话未说完便被方振业打断："别把思维局限在硬件上！美团能用地推铁军拿下市场，我们也能！"

为达成不可能的任务，林海被迫采取非常手段。他将 80% 的冷链车集中投放在广深线路，导致珠海、佛山等二级城市出现有单无车的窘境。32 岁的客户经理陈薇亲历了最荒诞的一幕：某生鲜电商客户紧急需要向汕头运输 10 吨海鲜，她却只能建议客户"先租用竞争对手的冷链车"。这种饮鸩止渴的操作，使得该物流在粤东地区的客户流失率飙升至 47%。

真正的危机在 2023 年梅雨季爆发。6 月连续暴雨导致广州冷库排水系统瘫痪，价值 1200 万元的进口牛肉因温度波动面临变质风险。当库管主任请求紧急采购除湿设备时，财务总监却以"年度预算已耗尽"为由驳回申请。情急之下，林海挪用市场推广费购入设备，此事成为压垮骆驼的最后一根稻草。

七月，审计风暴席卷华南大区。方振业在专项会议上拍案怒斥："擅自挪用预算属于严重违规！目标没达成，借口倒是一堆！"此时，这家公司的冷库出租率已从 82% 暴跌至 58%，而竞争对手却趁机以弹性仓储套餐收割市场。

九月末，林海在辞职信中写道："当总部把目标刻在石碑上，却把资源写在流沙里时，再精锐的团队也建不成金字塔。"随着他一同离开的，还有华南大区 35% 的核心骨干。这场目标与资源的错位博弈，最终让这家物流公司在华南冷链排行榜上跌落至第七名。

案例探秘

（1）战略意图与资源禀赋脱钩

依据资源基础理论，企业竞争优势源于独特资源组合。此物流公司忽视冷链行业“重资产、高壁垒”的特性，妄想用轻资产模式达成重资产目标，如同要求渔船执行航母作战任务。

（2）静态预算对抗动态市场

按照权变理论，资源配置应随环境变化调整。总部机械执行年度预算，在暴雨灾害等黑天鹅事件中仍坚守财务红线，暴露出风险管理体系的致命缺陷。

（3）压力传导替代系统思维

参照约束理论，应优先突破系统瓶颈环节。管理层将冷库容量不足的物理约束，扭曲为团队执行力的心态问题，导致解决方案始终在错误维度打转。

（4）目标分解缺乏缓冲设计

违背了高德拉特的缓冲管理原则。当总部将5亿目标简单拆解为日均KPI时，未在关键节点设置资源缓冲池，使整个系统失去抗风险弹性。

策略宝典

（1）战略地图衔接资源缺口

可以运用卡普兰战略地图工具（平衡计分卡创始人提出的战略管理工具）。在财务层面：标注“5亿营收”与“冷库投资”的因果链断裂点；在客户层面，测算二级市场资源缺口导致的客户终身价值损失；在流程层面：建立冷库利用率预警机制（超过85%即触发扩容评审）；在学习层面：将资源错配案例纳入管理层必修情景模拟课。

（2）滚动预算激活资源弹性

导入IBM滚动预算管理模型（动态预算管理方法）。将年度预算拆分为12个动态单元，每月根据市场变化重新校准；设置战略应急资金池，额度占年度预算5%，大区总经理可凭数据看板申请调用；开发资源灵敏度分析系统，实时显示每增减1%资源投入对目标达成的影响值。

（3）瓶颈资源三级响应机制

借鉴丰田 Andon 系统（丰田生产系统异常管理方法）升级版：黄色预警（利用率≥ 75%）：48 小时内召开跨部门协调会；橙色预警（≥ 85%）：启动预备资源并提交董事会简报；红色预警（≥ 95%）：自动触发“CEO—大区总—客户代表”三级联动响应链。

（4）资源效能数字化沙盘

搭建微软 Power BI 动态沙盘（商业智能数据分析平台）：输入目标参数后，系统自动生成资源需求热力图（人员 / 设备 / 资金）；内置蒙特卡洛模拟（概率统计模拟技术）功能，可测试不同资源配比下的目标达成概率；设置“资源再平衡”智能推荐模块，当偏差值＞ 15% 时推送优化方案。

实施该体系后，此物流公司 2024 年华南冷链市占率回升至 18%，冷库周转效率提升 32%。新任 COO 在复盘会上强调：“真正的高手，既不会在目标前跪倒，也不会向资源妥协，而是让二者在动态平衡中共舞。”

2.5　绩效改进计划：让团队持续进化

常见问题

问题一：改进计划形式化。每年重复“提升沟通能力”等空泛要求，缺乏具体行动路径。

问题二：一刀切方案失效。用同一套改进模板应对技术岗与销售岗的差异化问题。

问题三：过程追踪缺失。90% 的改进计划在季度末考核后便无人问津。

奇案大观

“机械革命”下的食品工厂转型困局

2023 年深冬，某食品厂弥漫着不同寻常的焦灼气息。这家拥有三十年历史的速冻食品企业，其拳头产品手工水饺曾以皮薄馅足的美誉占据华北市场半壁江山。这一天，当集团总部将速冻水饺生产线列为重点整改对象后，47 岁的厂长李国强在誓师大会上拍桌高呼：“我们要用机械化的思维打破传统桎梏！”

这位从车间技术员成长起来的厂长，在智能工厂浪潮中患上了严重的转型焦虑症。他参照互联网公司的 OKR 工作法，推出名为极速冲锋的绩效改进计划：所有工人每天需提交 200 字效率提升日志，每周背诵 5000 字操作手册，月末参加“超产标兵”评选。车间走廊里新装的电子屏实时滚动着红黑榜，产能数据每两小时更新一次。

“现在连上厕所都要小跑着去。”包装组长王秀芬摸着发烫的膝盖苦笑道。这位 53 岁的省劳模带着 12 名平均工龄 15 年的女工，常年保持着 95% 的良品率。但新考核要求每人每天多包装 200 袋水饺，相当于在零下 25℃ 的车间里延长两小时劳作。组里连续三周出现手腕积液病例，最严重的小刘手指僵直得握不住筷子。当王大姐拿着诊断书申请调整指标时，李厂长在晨会上当众摔了保温杯：“改进就要有代价！人家 00 后小张怎么就能超额 30%？”

24 岁的张明宇确实成了车间的明星员工。这个职高毕业的实习生发现，改进计划只考核包装速度不查封口质量。他悄悄将热封温度调低 15℃，封口时间压缩到标准值的 2/3，漏检率从 1% 飙升到 8% 却无人察觉。在获得连续三个月“超产标兵”后，他的极速工作法被制成教学视频在全厂推广。直到春节前三天，十万袋鼓肚水饺因包装漏气被超市下架，质检部才从监控中发现，膨胀的饺子袋在传送带上此起彼伏，犹如一串随时可能爆炸的气球。

更致命的危机隐藏在轰鸣的流水线深处。三号生产线使用的德国封口机已超期服役八年，磨损的轴承发出哀鸣般的异响。维修主管周建国捧着检测报告闯进办公室：“必须停机更换核心部件！”李国强却盯着墙上赤红的产能进度条：“停机一天损失 50 万，你担得起吗？”三天后的凌晨，不堪重负的传送带突然断裂，飞溅的金属碎片引发十八处连环故障，整条生产线在年货供应高峰期中瘫痪 72 小时。

颇具讽刺意味的是，事故分析会上展示的改进计划数据显示：“全员安全意识达标率 100%”。这套由咨询公司设计的考核体系，将安全指标简化为完成线上考试和签署承诺书。工人们为应付每天的安全知识抽查，发明了“耳机听题、手机搜答案”的应试技巧。而在实际生产中，防护手套被换成更灵活的一次性 PE 手套，设备异响被此起彼伏的超产倒计时广播淹没。

案例探秘

（1）改进计划变成数字游戏

就像学生只刷题不思考，工人为了完成日志数量而编造数据，真正的技能短板却被忽视。这违背了“木桶理论”——决定团队水平的永远是最短的那块板，而非表面的数字增长。

（2）忽视真实工作场景

要求老员工和年轻人用同一套标准改进，就像让卡车和轿车比油耗。生产线改进应区分体力型岗位（如包装）和技术型岗位（如设备维护），否则就像用同一把尺子量身高和体重。

（3）安全与效率本末倒置

企业把“安全达标率”变成考试分数，就像司机把安全带扣在座位上应付检查。真正的安全改进应该像汽车安全带报警器——有问题立刻提醒，而不是事后打分。

策略宝典

（1）三色改进诊断卡

用交通灯原理分类问题。红灯问题（立即停线检修）：如设备异响、工伤风险；黄灯问题（周会讨论）：如效率波动超 15%、新人技能缺口；绿灯问题（自主优化）：如工具摆放、工序微调。每张卡片附带二维码，工人扫码即可上传现场视频，技术员 48 小时内必须响应。

（2）改进能量积分制

将改进成效转化为“能量币”：老工人传授经验 =5 币（可兑换理疗券）；新人提出创新点子 =3 币（可换技能培训）；跨班组协作解决难题 =10 币（可参与利润分红）。积分实时显示在车间大屏，形成“改进也能赚钱”的正循环。

（3）问题树成长计划

用果树生长比喻改进过程：树根（基础）：每月必修 4 小时场景化培训（如在机器旁学故障排查）；树干（核心）：每季度攻克 1 个瓶颈工序（如包装速度 / 良品率二选一）；果实（成果）：改进效益的 20% 直接奖励给相关班组。

经历三个月改革，此食品公司的产能提升 25%，而工伤率下降 60%。包装组王大姐在改进分享会上说：“现在知道为什么改、怎么改，就像农民知道该浇哪块地，而不是被逼着给整片田灌水。”这场从“机械革命”到“人性化”的转变，让绩效改进真正成为团队成长的营养剂。

第三章　如何让团队效率倍增

从任务分配到多线程作战，本章揭示效率提升的底层逻辑：用 RACI 矩阵破解分工困局，四象限法则过滤伪优先级，敏捷看板实现进度透视，时间盒冲刺抵御干扰，OKR 分级锚定核心战场。通过五大工具将混乱转化为效能，让团队像精密交响乐团般协调运作，在时间与任务的魔术中兑现指数级产出。

3.1　任务分配的黄金法则

常见问题

问题一：任务分配不均，部分成员超负荷工作，部分成员无所事事。

问题二：任务优先级混乱，团队陷入救火式工作模式。

问题三：缺乏任务跟进机制，执行过程失控，结果与预期偏差大。

奇案大观

一场由任务分配引发的灾难

2024 年 3 月，当春日的梧桐絮飘进某科技公司 12 楼的落地窗时，总经理办公室里正在上演激烈的争论。“我们的办公系统必须赶在钉钉新版本发布前上线！”执行董事王志远敲击着季度报表，将茶杯重重砸在檀木桌上。项目经理陈峰攥着烫金的项目任命书，后颈渗出细密的汗珠——这是他晋升总监前的最后考验。

这个被寄予厚望的明星团队，表面光鲜却暗藏裂痕。技术总监张涛是公司连续三年的“代码之王”，此刻正盯着屏幕上跳动的报错提示，将速溶咖啡灌进早已溃疡发作的喉咙。产品设计师周琳第三次修改 UI 方案时，发现自己的工位从核心区被挪到了打印机旁。而新人李娜蜷缩在会议室角落，面前摊开的《数据可视化入门》正被她用荧光笔划出道道绝望的痕迹。

“张涛，这个月必须完成用户权限系统、智能审批流和 AI 推荐算法三个核心模块。”项目启动会上，陈峰将任务清单拍在会议桌上，金属腕表在投影仪冷光中折射出寒芒。周琳翻动着产品原型图提醒：“后端架构需要与前端组件库同步设计，否则……”话未说完就被陈峰抬手打断：“能者多劳，张涛的技术能力我最清楚。”

接下来的 30 天，研发区成了代码修罗场。张涛的显示器永远亮着四块分屏：左边是堆积如山的 GitLab 待办事项，右边是 24 小时跳动的企业微信群，中间两个窗口交替闪烁着编译错误和内存泄漏警告。某日凌晨三点，当他在茶水间昏倒撞翻咖啡机时，监控录像显示这位“代码之王”已经连续加班 18 天。

"陈总，这个数据看板真的需要重新评估……"李娜捧着笔记本第 N 次敲响经理室的门。这个刚从 211 院校毕业的姑娘，此刻正被困在 D3.js 的图表地狱里。她负责的供应链可视化模块，需要将 20 个数据库的百万级数据实时渲染，但项目计划里只给她留出两周时间。"年轻人就要多挑战！"陈峰头也不抬地递过来 U 盘，"这里有几份竞品分析，周末前把动态热力图做出来。"

测试工程师王浩的灾难始于清明假期。当开发进度滞后整整三周时，陈峰在晨会上宣布："测试周期压缩到五天，所有场景必须覆盖。"这个素来沉默的老测试员，在连续三天通宵后，对着永远显示 99% 的进度条突然崩溃："你知道物流模块的异常分支有多少种可能吗？就算给我五十个测试人员也测不完！"

压垮骆驼的最后一根稻草出现在项目中期。市场部突然带着某跨国公司的定制需求杀到技术部："客户要求增加英日韩三语实时切换功能，两周后就要演示！"陈峰在众人惊愕的目光中接下军令状，转身将新任务分配给正在住院输液的张涛。次日清晨，运维人员在服务器日志里发现触目惊心的记录——凌晨两点，张涛的账号连续提交了七个版本的错误代码。

崩溃像多米诺骨牌般接踵而至：张涛的请假单和诊断书同时出现在 HR 系统里，李娜的离职申请在 OA 流程中停留不到三小时就获批，王浩提交的 218 条缺陷清单在项目群里无人回应。当客户在演示现场看到蓝屏的登录界面时，周琳正躲在消防通道里，把被退回的第十二版设计稿一页页撕成碎片。

三个月后，空荡荡的 12 楼只剩下滚动播放着"数字化转型先锋"的电子屏。

案例探秘

（1）资源错配

陈峰违背了任务与能力匹配原则，让高能力者承担超负荷任务（如张涛），又将复杂任务分配给低能力者（如李娜）。这种分配方式触发了帕金森定律——工作量会自动填满可用时间，导致效率低下。

（2）优先级失控

团队缺乏对任务优先级的清晰界定，频繁插入临时需求（如市场部的多语言功能）。这种混乱让成员陷入无效忙碌，正如霍桑实验揭示的，当员工感知到管理混乱时，士气和工作质量会显著下降。

（3）过程失控

陈峰未建立任务跟踪机制，导致团队过度依赖张涛的个人能力。资源依赖理论指出，过度依赖单一资源会使系统脆弱性倍增，一旦关键节点崩溃，整个链条随之断裂。

（4）忽视角色边界

李娜被分配与其能力不匹配的任务，违反了角色理论中的角色清晰度原则。员工在模糊的角色定位下容易产生焦虑和挫败感，进而影响团队稳定性。

策略宝典

（1）分工明确：用“责任清单”终结混乱

通过制定责任清单，明确“执行、决策、协助、知情”四类角色。在这个项目中，技术专家张涛专注核心算法开发，避免被琐事干扰；新人李娜仅承担擅长的前端模块开发，而非硬塞数据处理；测试员王浩从需求阶段介入测试设计，减少后期返工；项目经理陈峰则聚焦关键节点决策，而非陷入代码细节。

（2）任务分级：四象限法则破局救火模式

将任务按“紧急 / 重要”分类处理。例如市场部临时要求增加多语言功能时，团队无须立刻响应，而是优先完成系统核心模块联调（紧急且重要）。该需求应归类为“重要不紧急”，由产品经理周琳拆解为分阶段实施方案，避免核心开发资源被临时需求打乱节奏。

（3）动态纠偏：每周 15 分钟闭环改进

每周滚动执行“计划—执行—检查—改进”循环：开发任务标注难度星级（如算法 5 星、前端 2 星），每人每周上限 7 星；开发中用可视化看板追踪进度，李娜遇到技术卡点可立即触发支援机制；每周五通过红黄绿灯标记风险任务，张涛连续两周黄灯则启动减负；同时为李娜配置技术导师，每周开展代码实战指导。

如此实施下来，张涛的无效加班减少 50%，李娜代码错误率下降 70%，项目延期率从 45% 压缩至 12%。团队 6 个月内完成系统升级，客户满意度从 62 分提升至 89 分，成为公司首个千万级盈利项目。

3.2 时间管理的秘密武器

常见问题

问题一：任务优先级混乱。团队成员常被琐事淹没，核心任务推进缓慢。

问题二：频繁打断与多线程工作。临时会议、消息轰炸导致专注时间碎片化。

问题三：时间分配与能力错配。高难度任务分配给经验不足的成员，反复返工耗时耗力。

奇案大观

失控的“飞鹰计划”

2023 年盛夏，某医疗公司顶楼会议室的空调嘶鸣声中，“智能手术导航系统”的logo在投影幕布上灼出光斑。项目经理王薇攥着被揉皱的进度表，指甲在“延期 180 天”的红字批注上掐出月牙形痕迹——这个曾让全公司沸腾的项目，此刻正坠向深渊。

技术总监周涛的工位上堆着三台显示器，冲锋衣袖口沾着二十天前的咖啡渍。这位算法专家被困在永无止境的会议牢笼：上午九点被销售主管陈峰拽着解读客户手绘流程图，下午两点解决硬件组突发的信号干扰，深夜还要回复德国合作方标满“紧急”的邮件。他的 GitLab 仓库里存着 78 个未完成的算法分支，最新提交记录停留在三周前。“每次刚进入深度思考，钉钉就跳出十几个 @ 我的消息。”上周他躲进地下停车场编程，竟被行政部用监控探头“捕获”——陈峰带着市场部新人举着 iPad 冲进车库，要求“五分钟讲透路径规划原理”。

硬件工程师林雪的实验室台账写满荒诞：脑电信号采集测试进行到第 36 小时，设备被急诊科强行征用；电磁定位模组校准到关键阶段，董事长参观团撞歪了精密支架。最讽刺的是，当她终于完成 48 小时连续测试时，整层楼供电系统被行政部切断——那天正是公司“节能环保日”。OA 系统适时弹出通知：她的年度绩效被扣除了“协作效率分”。

新人赵磊的显示器边缘贴着密密麻麻的便签：“学习 XML 解析”“理解 TCP 协议”。这个本该专注数据接口开发的应届生，入职第二天就被卷入旋涡。王薇派来的两位“导师”反而加剧了混乱：架构师老张沉浸于“二十年前用汇编写驱动的峥嵘岁月”，前端组长小林教他写的竟是网页交互脚本。当赵磊颤巍巍提交首个合并请求时，周涛的算法仓库早已迭代到不相容的版本。而陈峰此时正指着数据流示意图惊呼：“这条线该用渐变色！投标 PPT 需要视觉冲击力。”

每周一的立项例会逐渐沦为闹剧。某次会议记录显示：前 58 分钟争论“机械臂外壳用钛合金还是碳纤维”（董事长秘书中途建议“借鉴苹果手机质感”），后 72 分钟演示“PPT 粒子特效”，直到散会前 3 分钟才有人想起：“导航系统的核心精度指标确认了吗？”王薇的甘特图成了全公司的笑柄——当紫色标注的“关键路径”在第三周失效时，陈峰已带着未经验证的功能清单完成五场客户宣讲。

12月31日，财务部核算出5328万元订单损失的当夜，赵磊的转正申请被盖上“项目匹配度不足”的蓝章。

案例探秘

（1）帕金森定律的陷阱

帕金森定律指出，任务会膨胀到占满所有可用时间。团队将简单任务（如修改PPT）与核心任务（算法开发）混为一谈，且未设定明确截止时间，导致低价值工作吞噬资源。

（2）注意力残留效应

心理学家索菲·勒罗伊提出，频繁切换任务会导致前序任务的认知残留，降低后续任务效率。周涛每天被迫处理6类任务，算法开发每次重启需40分钟进入状态，有效工作时间不足1/3。

（3）优先级混淆的代价

按艾森豪威尔矩阵（四象限时间管理工具）分类，团队未正确划分任务优先级。3D渲染功能属于“重要不紧急”（应规划性处理），而团队将其与“紧急且重要”的算法开发并列处理。销售部临时需求未经过滤直接执行，打乱“紧急且重要”的算法开发闭环。

（4）能力—任务匹配失衡

德鲁克有效性原则强调，任务必须与执行者能力匹配。赵磊承担超负荷任务却缺乏指导，老员工被迫补救，形成恶性循环。

策略宝典

（1）时间盒法（时间管理技术）：切割不可侵犯的深度时间

采用时间盒法。专注时段：全员每日9:00—10:30、14:00—15:30屏蔽所有干扰，专注处理核心任务（如算法开发）；缓冲时段：临时需求统一归入 11:00—11:30、16:00—16:30 处理。可视化工具：使用“团队时间墙”，用红色区块标注专注时段，禁止打断。

（2）三级任务过滤器

引入“需求评估漏斗”（优先级筛选工具）：战略层过滤，需求是否符合核心产品路线图；资源层过滤：技术可行性评估；执行层过滤：优先级评分（如3D渲染需求被降级为二期功能）；辅助工具：通过Jira（项目管理软件）锁定开发排期。

（3）能力—任务匹配矩阵

四象限分配法（基于任务难度与成员能力的匹配模型）：高难度任务（如硬件测试）分配给林雪等资深成员；中低难度任务（如接口开发）配置“老带新”组合，赵磊编码时需同步屏幕，技术骨干每 2 小时远程指导一次，减少试错成本。

（4）15 分钟暴力复盘会

借鉴亚马逊“六页纸会议”（高效会议管理方法）原则：每日站会严格限时 15 分钟，参会者提前在共享文档填写“昨日进展 / 今日计划 / 卡点”（不超过 100 字），会议仅讨论需协调事项（如黄灯任务降级或移交）。每周五召开 30 分钟优先级校准会，用红黄绿灯标记任务状态（绿灯正常推进，黄灯需干预，红灯停滞）。

实施三个月后，周涛算法开发效率提升 2 倍，赵磊独立完成任务量增长 60%，无效会议时间减少 75%，“飞鹰计划”最终提前两周通过医疗认证，成为公司年度利润增长引擎。

3.3 优先级的艺术：让重要的事情先完成

常见问题

问题一：战略目标被日常需求淹没。团队忙于应付短期客户需求，长期战略任务无限期推迟。

问题二：跨部门资源争夺战。销售部、技术部、运营部各自宣称“最高优先级”，互相抢夺人力资源。

问题三：优先级评估标准模糊。决策依赖主观判断，缺乏量化工具，重要任务常被“紧急但不重要”的事项挤占。

奇案大观

坍塌的“健康守护者”

2022年3月，某健康科技公司的CEO李明阳在浦东香格里拉酒店的融资会上，手持PPT激光笔划过半空：“我们的智能手环将像听诊器那样，重新定义家庭医疗。”大屏幕上跳动的PPG信号血管模型，让五位投资人当场签下 2000 万天使轮协议。谁也没想到，这场医疗科技革命的起点，竟会成为中国智能硬件史上最惨烈的翻车现场。

医学博士出身的周岚，在研发中心白板上画着血管分形图。“PPG 信号要捕捉颈动脉 0.3 毫米的波动，采样率必须达到 2000Hz。”她将实验手环套在陈默手腕上，示波器立刻显现出锯齿状的波形，“看，这就是血管壁碰撞产生的谐波。”算法团队连夜搭建的 LSTM 神经网络，在英伟达 A100 显卡上跑出 91% 的预测准确率。然而这束曙光很快被吴鹏带来的销售合同吞噬——某连锁药房要求在产品侧面加装七色呼吸灯，说是“要让货架上的手环像彩虹糖一样吸引中老年顾客”。

“这是医疗设备，不是电子玩具！”周岚在跨部门会议上摔碎样品原型机时，投资人王总正在体验区把玩着皮肤商城的初版 App，“李总啊，这个钻石会员专属的赛博朋克主题皮肤，应该增加虚拟女友语音提醒功能。”会议室玻璃墙上倒映着陈默铁青的脸——他刚发现算法组三分之二的 GPU 算力被抽调去训练血压预测模型，而那个模型的训练数据，居然来自某款已停产的蓝牙血压计。

危机在圣诞夜前夕爆发。一家医院心血管科的测试报告显示：手环将 5 名健康志愿者的颈动脉斑块误判为急性栓塞风险，有位老太太因此被急救车连夜送进 ICU。当周岚冲进实验室时，正撞见硬件工程师小张在焊接第八版呼吸灯模组，“周总，吴总说药房渠道需要支持节日灯光秀……”示波器上跳动的波形突然坍缩成直线——为了给社交排行榜功能腾出存储空间，核心算法被迫阉割了 30% 的特征维度。

更荒诞的事情出现在产品宣告失败的次月。抖音电商数据监测显示，“宠物健康监测”功能的搜索量在 00 后群体中暴涨 300%，而公司团队花费 87 万元制作的会测猫主子心跳的魔法手环完美错失了这波流量。而在公司破产清算当天，财务总监发现皮肤商城的爆款商品“琉璃碎星”主题皮肤，共有 23 个订单来自公司员工的测试账号。

案例探秘

（1）艾森豪威尔矩阵的集体失效

团队未建立统一的任务分类标准，所有需求被默认划入“重要且紧急”象限。如七色呼吸灯本质是“不重要不紧急”的装饰功能，却因销售部施压挤占核心资源。

（2）资源依赖理论的恶性循环

销售部门因直接接触客户和资金方，形成“资源霸权”，技术决策让位于短期利益。这符合斯坦福教授杰弗里·菲佛的论断：控制关键资源的部门会获得不成比例的话语权。

（3）战略稀释效应

明茨伯格在《战略历程》中指出，过多临时举措会稀释组织战略焦点。本案中，团队同时追逐医疗级精度、商业变现、市场热点三个互斥目标，导致资源碎片化。

（4）优先级暴政现象

哈佛商学院教授莱斯利·珀洛发现，当组织缺乏透明决策机制时，最高声量者会制造“虚假紧迫性”。投资人临时起意的宠物监测需求正是典型案例。

策略宝典

（1）战略优先级罗盘

建立客户价值、战略契合度、技术杠杆率、机会窗口期四维评分模型，需求总分低于阈值自动降级，如皮肤商城因客户价值仅2分被移出开发队列。设置动态看板实时公示评分，倒逼资源向高价值任务聚集。

（2）红蓝军攻防战

每月模拟战争会议，红军（业务方）需提交市场需求、竞品及收益三份报告，蓝军（技术方）用可行性、成本及风险数据反制，由独立委员会裁决。采用临床数据合规风险预警，成功拦截“宠物监测”需求。

（3）技术债务仪表盘

可视化监控战略进度、资源分流比及技术债务利息，非核心任务超30%资源消耗即触发红色警报，生成《战略稀释报告》。如揭示临床测试延迟天数等隐性成本，成为抵挡无效需求的盾牌。

（4）战略安全气囊

锁定30%精英团队、20%算力为战略专用资源池，调用需跨部门全票通过。在血管建模攻坚期，该机制抵御23次销售端抽调请求，保障176天完整研发周期。

优先级体系落地后，公司的战略达成率从41%飙至89%，FDA认证周期缩短60%，资源错配导致的返工成本锐减67%，产品成为心血管监测领域精度标杆。

3.4 实时跟踪：让任务进度不再失控

常见问题

问题一：项目进度不透明。关键节点延误无人预警，管理者只能事后“救火”。

问题二：跨部门沟通低效。销售承诺的功能开发进度未同步技术团队，导致交付时才发现漏洞。

问题三：资源分配僵化。突发问题出现时，无法快速调整人力与预算优先级。

奇案大观

崩塌的“智能中控”

2023 年初，智能家居赛道新晋企业某科技公司启动“未来之家”项目，试图通过 AI 中控系统整合灯光调控、安防联动与家电控制三大模块。项目经理林浩凭借大厂履历空降团队，其引以为傲的结果导向管理方式与技术主管周婷的谨慎作风形成鲜明对比。这位曾主导某品牌智能调光系统落地的嵌入式专家，面对销售主管陈锋每周三次的需求变更会议愈发沉默。当项目组在第二个月末完成灯光控制模块的 25%—100% 无极调光功能时，陈锋带着未经验证的声纹识别方案闯入 CEO 办公室。

这场始于销售野心的技术豪赌，在第三个月彻底打破原有节奏。硬件组三名负责环境传感器调试的工程师被紧急调往声纹模块开发，导致本应与灯光系统联动的温湿度检测功能停留在理论阶段。算法团队发现现有声纹数据库无法满足商用精度要求，但采购部以超出年度预算为由，将数据采集设备采购流程卡在财务审批环节。林浩在项目周报中标注的“30% 进度”实为框架搭建，核心的活体检测与噪声过滤算法尚未启动。

交付前一周的灾难性演示暴露了所有被掩盖的裂缝。当客户代表尝试用声纹指令调节卧室灯光时，中控系统错误识别出三个不同声纹特征，触发安防模块的异常访客警报。技术团队连夜排查发现，被跳过的电磁兼容测试导致主板在 Wi-Fi 与蓝牙双模运行时频繁死机，而灯光控制模块的四路 PWM 信号因电路设计缺陷产生谐波干扰。更令人震惊的是代码仓库状态：周婷团队开发的设备驱动、外包团队编写的语音交互界面、临时工程师修改的声纹算法，竟存在四个未经合并的开发分支。

在客户取消订单的次日，离职工程师透露的录音文件揭开最后黑幕——两个月前某次销售复盘会上，陈锋明确指示“声纹误识别率超过 15% 就不要在测试报告体现”。这种与智能家居行业强调的安全性背道而驰的做法，最终让企业付出品牌信誉与市场机会的双重代价。颇具讽刺意味的是，竞争对手同期发布的智能家居解决方案，恰恰通过严格的本地化部署与设备联动测试拿下了多个高端楼盘订单。

案例探秘

（1）赫茨伯格双因素理论失效

赫茨伯格双因素理论，由美国心理学家赫茨伯格提出，将工作因素分为两类：保健因素（如工具、政策、工作条件），只能消除不满，无法激励积极性；激励因素（如成就、责任感、成长机会），能激发内在动力。项目团队仅依赖结果导向管理方式（保健因素），却缺乏实时风险预警系统（激励因素）。进度数据失真导致管理者误判团队状态，无法及时干预。

（2）信息孤岛加剧进度黑箱

沟通漏斗理论指出，信息传递过程中，每经过一个层级会损失约 20% 的核心内容。例如，100% 的原始信息经 5 层传递后仅剩约 20%。本案中，销售部绕过项目经理直接提需求，技术问题被美化汇报，关键信息在部门间层层衰减，最终形成皇帝的新衣式进度假象。

（3）敏捷管理原则崩塌

经典敏捷管理框架的核心包括每日站会，即 15 分钟会议同步“昨日进展 / 今日计划 / 当前障碍”，确保问题快速暴露。此理论要求每日站会同步进展，但林浩为减少沟通成本改为周报制度，导致问题积压。当技术债务（如未合并的代码分支）超过临界点，系统崩溃成为必然。

（4）权责利失衡陷阱

管理学家劳伦斯·彼得提出，员工可能因晋升至无法胜任的岗位而导致效率低下。陈锋作为需求提出方不承担开发责任，周婷作为执行者缺乏资源调度权，林浩作为管理者丢失进度控制权——三者形成“责任真空三角”，印证了彼得原理中“层级错位必然引发系统故障”的论断。

策略宝典

（1）植入进度预警雷达

构建实时仪表盘，通过可视化工具（如 Jira 看板）实现进度透明化；关键任务设置红 / 黄 / 绿三色预警，当系统异常时自动触发保护机制，防止问题扩散。如当声纹识别模块代码提交频次连续 3 天下降，系统自动触发黄灯并推送预警邮件至高管层，比传统周报提前 14 天暴露风险。

（2）推行敏捷作战室

每日站会：严格执行 Scrum 的 15 分钟会议规则，通过“三句话模板”聚焦关键问题（如硬件测试卡顿需云计算支持）；在线协作工具：如 Mural 白板，符合分布式团队协作理论，确保远程沟通效率。

（3）建立需求冲击评估机制

任何新增需求需通过 RICE 模型［需求优先级评估工具，包含覆盖范围（Reach）：影响用户数量。影响（Impact）：对目标的直接贡献。信心（Confidence）：需求成功概率。投入（Effort）：资源消耗量。］评分，如销售部提出的声纹识别功能，经评估需消耗 112 人 / 天和低战略契合度，应触发董事会级审批。

（4）实施责任链条追溯

采用决策履历系统，参考追溯性管理理论，在 Confluence 等平台记录全链路责任，避免推诿；采用自动化标记机制，结合六西格玛 DMAIC 模型（定义—测量—分析—改进—控制），通过数据闭环定位问题根源。当电磁兼容测试被跳过时，系统自动标记硬件工程师、测试组长、项目经理三方责任，避免互相推诿。

新机制运行后，某智能门锁项目需求变更响应速度提升 70%，重大事故预警准确率达 92%，客户验收一次性通过率从 35% 跃升至 81%。

3.5　多任务处理的终极指南

常见问题

问题一：资源分配混乱。管理者同时推进多个项目，导致人力、预算分散，核心任务进度滞后。

问题二：优先级模糊。团队因紧急任务频繁切换方向，重要但不紧急的战略性工作被无限搁置。

问题三：员工疲劳与低效。销售或研发人员同时处理 5 项以上任务，注意力碎片化，错误率飙升。

奇案大观

崩盘的“双十一战役”

2024 年双十一前夕，某电商平台以破釜沉舟之势推出三位一体促销战略，试图通过直播带货、社群裂变与跨境专区的协同作战冲击行业纪录。销售总监王海将 30 人团队切割为三个作战单元：由王牌主播周晓彤领衔的直播组背负 2 亿 GMV 目标；凭借“9.9 元秒杀”策略崭露头角的陈磊负责社群新增 50 万用户；海归精英张薇率领的跨境团队则需实现专区销售额占比突破 15%。这场精心设计的战役却在筹备期就埋下隐患——王海强制推行全员交叉支援机制，要求每个成员同时承担三项任务，导致专业分工体系彻底瓦解。

直播组的崩溃始于人力透支。周晓彤团队的主播们白天需要优化直播间流量池，晚上又被抽调编写社群裂变文案，甚至协助调试跨境支付系统。10 月 15 日某场母婴专场直播中，疲惫的运营人员误将跨境奶粉的欧元标价直接换算为人民币，引发“99 元抢进口奶粉”的乌龙事件，尽管紧急下架仍导致 5000 余条投诉。更严重的问题出现在 10 月 25 日晚 8 点的明星专场：由于跨境组未及时同步库存数据，宣传中的 2000 件限量款轻奢包实际仅上架 20 件，愤怒的消费者在弹幕区刷屏“虚假宣传”，直播间评分从 4.9 暴跌至 3.227。

社群组的困境则源于信息孤岛。陈磊设计的裂变金字塔模型本可通过三级分销实现用户增长，但跨境物流数据未接入中台系统。当用户通过社群链接购买标注 24 小时达的澳大利亚保健品时，系统显示的仍是海运 45 天时效，最终引发 3000 笔订单集中退款。更严重的是，部分用户因不满物流延迟转而攻击社群管理员，造成 12 个核心运营微信群集体瘫痪。张薇的跨境团队此时正陷入政策雷区：主推的欧盟膳食补充剂因海关新增维生素含量限制需重新报关，但王海以先完成销售目标为由，强令照常上架，导致 11 月 1 日 500 单货品在保税仓被扣。

双十一当天，三组联动的崩溃达到顶点。直播组 GMV 最终定格在 1.1 亿元，其中 30% 销售额来自被迫降价清仓的跨境滞销品；社群新增用户不足 20 万，且 70% 为领取 9.9 元补贴后立即取关的“僵尸粉”；跨境专区因 28% 的客诉率触发平台风控，在流量高峰时段被强制限流 48 小时。财务数据显示，公司为三大板块准备的 1.2 亿备货中，42% 的跨境商品因政策或物流问题成为沉没成本，而直播间的冲动消费导致 23% 退货率，实际利润反较去年同期下降 17%。周晓彤在复盘会上展示的工作日志触目惊心：11 月 1 日至 11 日期间，团队人均每日处理 12 个 Excel 表、监控 8 个微信群、切换 3 个数据看板，最疯狂时连续 72 小时未离开直播间。这场试图复制“京东 + 拼多多 + 考拉”模式的豪赌，最终因管理失序与系统割裂付出了惨痛代价。

案例探秘

（1）赫茨伯格双因素理论失效

案例中，王海试图通过“同时推进多任务”创造激励因素（如业绩增长），却忽略了保健因素（如合理工作负荷）。当员工长期处于超负荷状态，即使目标诱人，也会因基础保障缺失而丧失动力。

（2）帕金森定律的恶性循环

英国历史学家帕金森提出“工作会膨胀到占满所有可用时间”。本案中，跨境组因同时处理报关、客诉、数据复盘，原本 3 天可完成的报关流程被拉长至 2 周，验证了多任务并行反而降低效率的定律。

（3）认知负荷理论触顶

心理学家约翰·斯威勒指出，人类工作记忆容量有限。当直播组同时处理脚本、库存、客诉时，认知资源被过度消耗，导致关键疏漏（如明星专场事故）成为必然。

（4）权责利三角失衡

王海将“目标权”下放给三组，却未匹配“资源调配权”（如拒绝抽调跨境组调试支付系统）和“利益分配权”（如客诉损失由团队共担），违背管理学家切斯特·巴纳德提出的协作系统三要素。

策略宝典

（1）OKR 目标分级法

用 OKR［一种目标管理方法，帮你把大目标拆解成可执行的小任务。O（Objective）：指公司的大目标。KR（Key Result）：实现目标的关键结果］拆解任务层级：公司级 O（如双十一总 GMV）下设 3 个部门级 KR（如直播组 KR1 为流量转化率≥ 8%），每项 KR 最多绑定 3 个具体任务。用工具（如 Tita）把所有任务关联起来，砍掉和关键结果无关的杂事。

（2）四象限决策矩阵

引入史蒂芬·柯维的时间管理四象限［把任务按“是否重要”“是否紧急”分成四类，帮你分清轻重缓急。第一象限（紧急且重要），必须立刻处理；第二象限（重要不紧急），需要规划；第三象限（紧急但不重要），可简化或委托他人；第四象限（不重要不紧急），尽量不做］，将任务按“重要—紧急”分类，用工具（如 Teambition）给任务标颜色：红色（第一象限）、橙色（第二象限）、黄色（第三象限）。如：直播事故处理 → 红色标签（立刻解决） 社群文案优化 → 黄色标签（交给实习生处理）。

（3）时间盒和冲刺机制

采用时间盒机制，给任务设定固定时间段，像闹钟一样专注执行；采用敏捷开发中的“敏捷冲刺”（Sprint，把大任务拆成 2—4 小时的小阶段，快速完成再调整）模式：为每项任务设置 2—4 小时的“冲刺时间”，期间禁用跨组会议和临时需求。例如直播组每日 10:00—12:00 锁定为脚本优化时段，用工具（如 Focusmate）匹配线上监工，互相监督不玩手机、不开小差。

（4）RACI 责任矩阵

用 RACI 模型［RACI 模型：明确任务中每个人的角色，避免“谁都能管，谁都不管”。R（Responsible 执行人）：具体干活的人；A（Accountable 负责人）：最终拍板的人；C（Consulted 被咨询人）：需要征求意见的人（如法务顾问）；I（Informed 被通知人）：只需同步进度的人］明确多任务中的角色分工。如跨境组报关任务中，跨境组报关任务 → A：张薇（最终决策）R：物流专员（填报关单）C：法务部（审核合规性）I：销售部（同步进展）。

2023 年双十一，该电商公司采用上述策略后，人均任务量减少 42%，核心目标达成率提升至 91%，客诉率下降至 0.3%，团队加班时长同比缩减 65%。

第四章　如何让团队和谐共进

从信息壁垒到情绪对抗，本章以透明数据大屏破除层级迷雾，战略解码工作坊打通部门隔阂，非暴力沟通四步法化解冲突，3×3反馈矩阵终结“沉默螺旋”。通过蜂巢追踪、红牌提案等工具织就安全网，将对抗转化为创新动能，在坦诚对话中锻造高韧性协作生态，让团队在冲突淬炼中实现效能跃升。

4.1　打破上下级沟通的壁垒

常见问题

问题一：中层管理者刻意美化数据，导致高层决策脱离实际。

问题二：基层员工因害怕担责而隐瞒问题，最终小错酿成大祸。

问题三：仅依靠层级会议传递信息，紧急需求在流程中延误。

坍塌的“智慧医院”

2023 年深秋，某医院大楼顶层会议室的落地窗折射着冷冽晨光。分管副院长周明将咖啡杯往红木桌上一放，金属底座与桌面相碰发出清脆声响：“三个月内必须上线 AI 分诊系统，让门诊等待时间砍半！”这位刚从海外学术交流归来的医学博士面前摊着厚厚的学术资料，镜片后的目光扫过在座的各科主任，却未留意信息科主任吴军捏紧的钢笔。

作为二十年技术老兵，吴军太清楚机房那台老刀片服务器的底细——每秒 200 次的并发处理能力，连普通挂号系统高峰期都撑得勉强。他带着忐忑的心情走进进度会现场时，周明正用激光笔在投影幕布上画圈：“要打破数据孤岛，构建智慧医疗生态。”

“硬件需要升级。”吴军斟酌着措辞，指节在会议记录本上敲出细密鼓点。在周明翻动报表的沙沙声里，500 万的预算缺口在吴军喉头滚了又滚，终究化作茶杯里升腾的热气。同一时刻，五楼机房的荧光灯下，程序员小林正盯着屏幕上标红的 30 处代码漏洞。组长把咖啡杯墩在办公桌上：“领导要的是速度，你搞这些有的没的？”在鼠标点击声中，那份漏洞修复清单最终沉睡在回收站深处。

试运行首日的晨光里，门诊大厅电子屏突然闪烁起刺眼的红光。AI 分诊系统像多米诺骨牌般接连崩溃，第七次重启失败时，护士站的报时器恰好跳过十点。滞留患者的喧哗声中，吴军攥着虚报 800 次 / 秒的服务器报告，指节泛白；小林翻出三个月前被毙掉的分布式负载方案，代码注释里还留着“可支撑万级并发”的字样；周明在院长办公室据理力争：“理论架构绝对先进，是临床部门配合度不够。”

事故调查组的白炽灯下，真相如摔碎的镜子般刺目。吴军承认篡改了数据，他的老花镜片蒙着水雾：“总怕被说技术落伍……”小林递上备份U盘，里面藏着完整的漏洞清单：“组长说会影响绩效考核。”周明依然挺直脊背：“学术模型推演过百次，实施偏差是执行层面的问题。”直到审计组调出采购记录，那台标价800万的升级服务器，不过是贴牌组装的二手设备。

初冬的风卷走最后一片梧桐叶时，周明调往学术研究中心的调令已下，吴军的退休申请静静躺在系统里等待审批。小林收拾工位时，瞥见显示器角落的分布式方案文档，那是他离职前悄悄上传的云端备份。门诊楼外，新采购的服务器阵列正在安装调试，金属外壳折射着冷光。这场耗资巨大的现代化改革，最终只留下走廊宣传栏里泛黄的规划蓝图，在穿堂风中沙沙作响。

案例探秘

（1）信息不对称陷阱

经济学家乔治·阿克洛夫的柠檬市场理论揭示，劣质信息会驱逐优质信息。本案中，吴军为维护形象刻意提供虚假数据（劣币），导致小林的真实技术方案（良币）被挤出决策层，形成系统性信息扭曲。

（2）组织沉默成本过高

管理学家莫里森提出的员工沉默成本在此凸显。小林测算发现：上报漏洞可能被斥为“制造障碍”（个人成本），而系统崩溃只需集体担责（社会成本），这种成本差异直接催生了知情不报的沉默文化。

（3）沟通渠道带宽过载

香农—韦弗模型指出，沟通效率受信道容量限制。这家医院仅通过每周例会传递技术需求（窄带信道），却要承载AI系统改造的复杂信息流（宽带需求），必然导致关键信息丢包。

（4）权威型领导风格反噬

根据利克特管理系统理论，周明属于典型的剥削—权威型领导，单向下达指令且拒绝反馈。这种风格在技术迭代中极易造成“领导幻觉”——误判自身决策的完备性。

策略宝典

（1）透明化数据驾驶舱

在钉钉或企业微信部署实时数据大屏，将服务器负载率、代码缺陷率等指标向全员公开。设置阈值预警，当并发请求超现有承载能力 80% 时，系统自动向院领导班子推送弹窗警报。

（2）反向述职会制度

每月举行一次“基层向上述职”会议，由一线员工直接向高层演示技术方案。采用“电梯演讲”规则：汇报限时 3 分钟，需包含问题、方案、资源需求三要素。

（3）技术民主投票机制

在飞书创建技术攻坚投票池，重大决策前匿名征集意见。设定双重权重：专家票占 70%，一线票占 30%。当小林的分流方案获得超 60% 一线支持时，系统强制触发技术论证会。

（4）领导力镜像训练

用 VR 模拟器构建“角色互换场景”，强制高管体验基层执行困境。周明需在虚拟环境中扮演程序员，亲历因领导决策失误导致的 72 小时紧急抢修。

某省级医院采用上述策略后，上下级信息同步率从 35% 跃升至 82%，项目返工率下降 57%，一线员工主动反馈量增长 4.3 倍，跨部门协作周期缩短 60%。

4.2　跨部门沟通的破冰技巧

常见问题

问题一：部门各自为政，市场部追求短期销量，研发部专注长期技术储备，目标冲突导致资源内耗。

问题二：销售前线反馈客户需求，但产品部因未及时获取信息，开发出市场不需要的功能。

问题三：财务部质疑市场部预算超支，市场部指责财务部不懂业务，双方陷入互相指责的恶性循环。

奇案大观

冰封的“夏日风暴”

2023 年，某国内饮料巨头推出新品“夏日风暴”气泡水。市场部总监林雪擅长营销造势，为了抢占暑期市场，她策划了“6 月 1 日全国同步上市”的方案，并与顶流明星签约代言。在集团例会上，林雪信心满满地承诺：“首月销量必破500万箱！”然而，生产部总监陈刚经过内部测算后发现，现有生产线每日最大产能仅8万箱，且灌装设备需要15天改造才能适配新配方。因此，他在微信工作群中提醒林雪：“产能缺口30%，建议延期两周上市。”但是林雪迅速回复道：“营销档期不能变！让工厂三班倒赶工。”

进入五月中旬，矛盾逐渐升级。市场部为了提前测试市场反应，向经销商铺货20万箱进行试销，这直接导致生产线被迫分流产能，常规产品库存告急。与此同时，为了保证主线产品的供应，生产部私自降低了“夏日风暴”气泡水的灌装标准，结果气泡水开盖后的泡沫量明显不足，影响了消费者的体验。此外，财务部发现由于加班和额外的人力成本，生产成本超支了25%，于是紧急冻结了市场部第二季度的预算。

六月一日，“夏日风暴”如期上市，但两大危机随之而来。首先，由于产能严重不足，华东地区50%的经销商未能按时收到货物，而此时明星代言的广告已经全面投放，许多消费者无法购买到产品，从而引发了大量投诉。其次，在抖音上出现了对比视频，视频显示该气泡水的泡沫量比竞品少了40%，这个话题一夜之间播放量突破上千万次，给品牌形象带来了极大的负面影响。

最终，“夏日风暴”首月销量仅为160万箱，远低于预期目标，同时库存积压超过百万箱，直接经济损失超过了8000万元。面对如此严重的后果，林雪引咎辞职，而陈刚则被调离生产一线。在这之后，财务部与市场部之间的矛盾进一步加剧，双方互相指责对方的责任。实际上，在整个过程中，生产线主任老周曾提出过一个可行方案：通过改造两条旧生产线应急，预计7天内就能增产5万箱/日。遗憾的是，由于该方案涉及跨部门审批，最终在流程中滞留了11天，错过了最佳实施时机。

案例探秘

（1）目标错位陷阱

根据德鲁克的目标管理理论，组织目标必须贯穿所有部门。本案中，市场部的“销量目标”与生产部的“成本目标”形成对立，本质是集团未建立公司级北极星指标（如市场份额或客户满意度），导致部门目标像脱轨列车般互相冲撞。

（2）沟通渠道断裂

管理学家巴纳德的组织三要素理论指出，信息传递系统是组织存续的基础。案例公司的跨部门沟通仅依赖微信群和例会（非正式渠道），关键需求在“市场部→生产部→财务部”的传递链上层层衰减，老周的增产方案恰因缺乏绿色通道而流产。

（3）社会认同理论反噬

心理学家塔菲尔发现，群体归属感会强化“内外有别”的认知。市场部自诩“冲锋陷阵的战士”，生产部自居“默默付出的工匠”，这种身份认同差异演变为“我们 vs 他们”的对立思维，最终连成本核算这类专业问题也被情绪化解读。

策略宝典

（1）战略解码工作坊

使用平衡计分卡工具，将公司战略分解为财务、客户、流程、成长四维度目标。召集跨部门骨干用“目标对齐画布”梳理逻辑：明星代言（市场部）←→灌装标准（生产部）←→成本控制（财务部），最终锁定客户复购率作为共同北极星指标。

（2）跨部门作战室

借鉴华为铁三角模式，组建“产品经理 + 生产代表 + 财务专员”的嵌入式团队。通过“RACI 矩阵”［一种任务分工工具，用四个字母明确责任：R（Responsible 执行人）：具体干活的人。A（Accountable 负责人）：最终拍板的人。C（Consulted 被咨询人）：需要征求意见的专家。I（Informed 被通知人）：只需同步进度的人］明确责任，确保老周的改造方案 48 小时内完成跨部门审批。

（3）信任飞轮机制

推行跨部门轮岗计划：市场部员工进车间体验灌装流程，生产部骨干参与客户调研。每月举办“吐槽大会”，用“事实 + 感受 + 需求”话术表达分歧，如：“上周生产线急停 3 次（事实），我们压力很大（感受），希望提前 48 小时获知促销计划（需求）”，逐步破除认知壁垒。

某家电企业实施上述策略后，跨部门协作周期缩短 70%，新品上市延误率从 42% 降至 9%，客户投诉响应速度提升 3 倍，年度协同成本节约超 2000 万元。

4.3　团队内部冲突的灭火策略

常见问题

问题一：目标分歧引发对抗。部门间因 KPI 指标冲突，陷入零和博弈的恶性竞争。

问题二：情绪化对抗失控。技术争论升级为人身攻击，会议现场拍桌摔门。

问题三：流程缺失加剧矛盾。缺乏冲突解决机制，小摩擦积累成大裂痕。

奇案大观

燃烧的“智能手环”

2024 年，智能硬件领域的某创新企业踏上了年度旗舰产品“灵犀手环”的研发征程。这款产品的推出，被公司寄予厚望，视为打开新市场、巩固行业地位的关键一步。市场部总监林悦以其敏锐的市场洞察力和打造爆款产品的丰富经验，主导了前期的市场调研工作。她发现，消费者对心率监测、睡眠分析及微信消息提醒功能的需求尤为迫切，因此强烈建议手环必须集成这三大核心功能，并设定了双十一前上市的目标，以期抢占市场先机。

然而，这一雄心勃勃的计划却在研发部总监陈峰那里遭遇了前所未有的挑战。陈峰，一个对技术有着近乎偏执追求的专家，带领团队对产品方案进行了详尽的技术评估。结果显示，若要实现林悦提出的所有功能，硬件成本将大幅超出预算约 40%，且研发周期至少需要延长三个月。这对于追求高效与成本控制的企业而言，无疑是一个沉重的打击。

在项目启动会上，面对林悦的热情倡议，陈峰的表达显得冷静而直接，甚至有些冰冷："技术实现难度太大。"这句话如同一盆冷水，瞬间浇灭了会议上的热烈气氛。林悦听后，情绪失控，拍桌而起，指责研发部故步自封，缺乏创新精神。这场冲突，如同一颗种子，悄然在团队间埋下了分裂的隐患。

随着时间的推移，矛盾逐渐升级。林悦为了抢占市场先机，决定绕过研发部，直接向 CEO 提出"先发布基础版，后续通过 OTA（空中下载技术）升级功能"的策略。而陈峰则采取了更为微妙的反击方式，他在技术文档中故意标注"微信提醒功能存在数据泄漏风险"，这一举动直接导致了法务部对宣传计划的紧急叫停。

产品经理周彤，作为团队中的调和者，曾多次尝试在两者之间寻找平衡点，提出折中方案，却无奈地被双方视为"和稀泥"，最终承受不住压力，哭着提交了转岗申请。

危机终于在预售当天全面爆发。首批五万台灵犀手环因软件适配问题，导致 20% 的用户无法与手机成功连接。面对这一突发状况，林悦要求立即召回产品，以维护品牌形象；而陈峰则坚持认为这是 App 端的兼容性问题，不应由手环本身承担责任。两人在紧急会议上争执不下，甚至互扔文件，场面一度失控。CEO 在万般无奈之下，只得暂停了两人的职务。

最终，灵犀手环被迫下架，公司市值因此蒸发了 2.3 亿。而周彤，在转投竞争对手后，透露了一个令人唏嘘的情况：早在双方争执最激烈的时候，她就已经设计了一个折中方案——采用蓝牙5.0模块替代Wi-Fi直连，以降低成本、缩短研发周期，并提升兼容性。然而，在那个充满火药味的氛围中，她的声音被彻底淹没，无人愿意倾听中间派的声音。

案例探秘

（1）托马斯—基尔曼冲突模型失效

托马斯—基尔曼模型将冲突处理策略分为5种：竞争型（强行推进自己的利益）、回避型（逃避问题）、合作型（寻求双赢）、妥协型（各退一步）、适应型（牺牲自己满足他人）。根据托马斯—基尔曼理论，陈峰采用“竞争型”策略（坚持技术完美），林悦选择“回避型”反应（绕过研发部决策），导致冲突从“任务冲突”恶化为“关系冲突”。当双方将彼此视为敌人时，任何技术方案都沦为权力斗争的工具。

（2）情绪ABC理论的反面示范

心理学家艾利斯的情绪ABC理论认为，冲突激化不是因为事件本身（A），而是因为对事件的错误解读（B），最终导致失控结果（C）。林悦认定“研发部故意拖后腿”（错误归因），陈峰坚信“市场部不懂技术”（认知固化），这种信念偏差使得双方在C（结果）阶段彻底失控。

（3）社会认同理论陷阱

泰菲尔的社会认同理论认为，人们会通过群体身份（如部门、职位）定义自我价值。当群体利益被挑战时，可能产生非理性对抗。当林悦与陈峰分别以“市场部领袖”和“技术守护者”自居时，部门荣誉感异化为非理性对抗。周彤的折中方案因不符合任何一方的“群体标识”而被集体排斥。

（3）流程缺失的蝴蝶效应

蝴蝶效应指的是小冲突若缺乏处理机制，会像滚雪球一样扩大。管理学中的“10—90法则”指出，90%的重大损失源于10%的小问题未及时解决。本案中的公司缺失“冲突分级处理机制”，初期功能争议（Level 1冲突）

未能在项目组内解决，最终演变为需要 CEO 介入的 Level 3 危机。

策略宝典

（1）利益画布可视化工具

使用冲突利益画布，将双方诉求拆解为：核心需求（如市场部要上市速度）、底线原则（如研发部要技术可靠性）、可交换条件（如预算浮动空间）。

（2）非暴力沟通四步法

强制冲突双方按“观察→感受→需求→请求”流程对话。例如陈峰应说：“我看到功能清单增加三项需求（观察），担心影响品控（感受），需要保障测试周期（需求），建议分阶段上线（请求）。”

（3）RACI 矩阵定责

制作冲突解决责任矩阵，明确谁负责（Responsible）、谁批准（Accountable）、咨询谁（Consulted）、告知谁（Informed）。当林悦与陈峰再起争执时，直接按矩阵交由产品经理周彤（C）评估可行性，CEO（A）终审。

（4）冲突复盘会制度

每月召开冲突解剖会，用“五步追问法”追溯根源。例如分析手环事件：为什么功能争议未解决？→ 没决策流程；为什么没流程？→ 认为“技术问题不用规则”；为什么有误解？→ 市场部不懂技术术语；为什么不培训？→ 未设跨部门知识共享会；为什么没共享会？→ 公司重视短期 KPI 忽视长期建设。

某智能家居企业实施上述策略后，部门冲突解决周期从 23 天压缩至 4 天，关键项目返工率下降 41%，中层管理者跨部门协作满意度提升至 88%。

4.4 高效反馈机制：让问题无处藏身

常见问题

问题一：一线员工发现生产流程漏洞，因层级审批烦琐，问题上报滞后导致批量次品流入市场。

问题二：客户投诉被客服部拦截，关键技术改进建议因“非研发人员无权提议”被系统驳回。

问题三：员工提出的优化方案长期积压在意见箱，既无采纳通知也无拒绝理由。

奇案大观

崩塌的某制造公司

2023 年，某老牌制造企业踏上了转型升级的重要一步——智能工厂改造项目。这一项目的核心目标是将传统生产线全面升级为物联网驱动的数字化车间，旨在通过科技的力量，重塑生产流程，提升效率与质量。生产总监陆振华，一个在制造业深耕二十八载的老将，以其军事化管理风格著称，亲自挂帅，抽调厂内精英，组建了专项团队。工艺工程师方敏，以其深厚的数控编程功底被委以重任；质检主管周涛，以其严苛的标准和敏锐的洞察力，成为质量把控的关键；设备维护组长李斌，则凭借对全厂 80% 机床维修密码的掌握，成为设备稳定运行的守护者。

在项目的誓师大会上，陆振华立下了军令状，誓言要在三个月内通过德国 TÜV 认证，以此作为项目成功的标志。他的话语中透露出不容置疑的决绝，任何拖后腿的行为都将受到严厉处罚，甚至被调离核心岗位。然而，这份看似铁血的执行力，却在无形中为项目埋下了隐患。

方敏在调试数控机床的过程中，发现了新采购的德国轴承与国产传动轴之间存在 0.05 毫米的公差偏差。这一细微的差异，在她看来，可能会导致设备在长期运行中过热，进而影响生产效率和产品质量。但回想起上周周涛因质疑采购决策而被当众训斥的情景，方敏最终选择了沉默，只在日报中轻描淡写地写下了“设备磨合期需观察”。

周涛的团队在抽检过程中，发现第三生产线加工的精密齿轮存在 2% 的同心度误差。这一发现让他深感忧虑，他立即要求停机排查，以期消除潜在的质量隐患。然而，这一请求却遭到了李斌的拒绝。李斌以月度产能考核压线为由，认为误差在国标允许范围内，无需小题大做。实际上，李斌自己早已从振动数据中察觉到了主轴箱的异常，但鉴于陆振华“只看结果不问过程”的管理风格，他选择了私下更换润滑油，而非上报故障，心中默默祈祷能撑到季度检修。

然而，灾难在验收前一周不期而至。出口德国的五千套精密齿轮，因公差累积效应，导致 30% 的产品在客户工厂开裂，引发了一场千万欧元的索赔风波。与此同时，第三生产线的主轴箱突然抱死，火星引燃了渗漏的润滑油，一台价值一千二百万的数控机床瞬间化为乌有。更为严重的是，这场事故还导致了人才的流失。方敏在事故发生的次日，提交了辞呈，她在辞职信中写道：“我预警过轴承问题，但这里只允许服从，不允许思考。”

面对这一系列突如其来的打击，陆振华在董事会上咆哮着质问：“为什么所有风险都瞒着我？”然而，讽刺的是，车间公示栏上贴着董事长信箱二维码，但扫描记录显示，过去半年里，仅有三条匿名建议被提交，且内容均为“食堂菜量太少”。这无声的抗议，似乎是对当前管理风格的一种无声控诉。

案例探秘

（1）过滤气泡效应

传播学者伊莱·帕里泽的信息过滤理论揭示，当组织过度强调层级权威时，下属会自发过滤不利信息。方敏隐瞒轴承公差、李斌掩盖设备隐患，本质是预判上级接受度后进行的自我审查，导致关键信息被锁死在执行层。

（2）霍桑实验的反面映射

管理学经典霍桑实验证明，员工效能受非正式组织影响。该集团虽建立董事长信箱等正式渠道，但周涛对李斌的“产能优先”施压、陆振华“结果导向”的威慑，形成无形的“沉默规则”，迫使员工将问题压制在非正式沟通层。

（3）反馈恐惧链模型

心理学家加布里埃尔·厄廷根提出，反馈恐惧 = 感知风险 × 无力感。当方敏目睹同事因提建议受惩（高风险）、李斌认为“上报故障也无法解决备件短缺”（无力感），恐惧链便扼杀了反馈意愿，使组织沦为“聋哑系统”。

策略宝典

（1）3×3 即时反馈矩阵

设计问题级别— 响应时效矩阵：将风险划分为轻微（绿色）、中度（黄色）、严重（红色）三级，分别对应 24 小时、4 小时、30 分钟反馈时效。质检部发现同心度误差时，周涛应立刻触发黄色预警，强制启动跨部门会诊。

（2）蜂巢式可视化追踪

在车间部署物联网看板，设备异常数据（如轴承温度、震动频率）实时投射为 3D 模型。当李斌负责的机床震动值超限时，看板自动变红并推送检修工单，打破“人脑过滤”的信息垄断。

（3）反向授权机制

推行红牌提案权：任何员工发现重大风险均可签发电子红牌，系统直接冻结相关流程并向董事会抄送。方敏提交轴承公差报告时，若触发红牌机制，采购订单将自动暂停，倒逼管理层 48 小时内回应。

（4）反馈韧性沙盘

开发工厂危机模拟器，让管理者扮演一线员工处理设备故障、质量投诉等场景。当陆振华在虚拟世界中亲历因反馈延迟导致的客户索赔，其结果导向思维将被迫重构为过程洞察模式。

某汽车零部件厂引入上述机制后，质量问题反馈速度提升 90%，季度报废率从 1.2% 降至 0.3%，员工合理化建议采纳量增长 7 倍，成功获得宝马集团 A 级供应商资质。

4.5 沟通方式的百宝箱

常见问题

问题一：团队成员误解领导传达的任务目标。

问题二：因情绪化沟通导致客户流失。

问题三：跨部门协作时，解决信息传递滞后或失真。

奇案大观

一次失败的“高端客户”谈判

在某市的繁华一隅，有一家专注于高端定制家具的公司，其销售总监王琳以其敏锐的商业嗅觉和卓越的谈判技巧闻名于业界。一日，王琳接到了一个价值五百万元的别墅全屋定制订单需求，客户是本地赫赫有名的企业家陈总，一位对生活品质有着极致追求的人，尤其在细节上，更是要求尽善尽美。

深知此单非同小可，王琳决定亲自挂帅，带领销售助理小李一同前往与陈总会面的地点。会议当天，王琳身着笔挺的职业装，满面春风地步入会议室，心中已暗暗下定决心，要将公司的实力全方位展示给这位尊贵的客户。

会议伊始，王琳便迫不及待地开始了她的演讲，从公司的“高端定位”到“行业领先技术”，滔滔不绝，言辞间充满了自信与骄傲。然而，在这场单方面的展示中，王琳似乎忘记了最重要的一环——倾听客户的需求。她未曾主动询问过陈总对于家具的具体设想与偏好，只是一味地推销着自己认为最好的产品。

坐在一旁的小李，细心地观察着陈总的反应。他注意到，每当王琳大谈特谈公司优势时，陈总的眉头总是不自觉地皱起，似乎有些不耐烦。小李几次想要插话，用手机展示一些产品细节图，以期更直观地呈现给客户，却都被王琳以“这些基础资料会后发您就行”为由打断。

终于，当陈总提出希望主卧衣柜能够融入智能收纳系统时，王琳几乎是条件反射般地回应：“我们所有产品都支持智能模块，但加装需要额外收费。”此言一出，陈总的脸色瞬间阴沉下来，他缓缓说道：“我之前在初步沟通时就已经明确说过，预算是包含智能化的，怎么你们的方案里没有体现这一点？”王琳闻言，心中一紧，匆忙翻看着手中的备忘录，这才发现助理小李三天前整理的客户需求文档中，确实有这一条备注，只是自己因忙于其他项目，未曾细读。

此刻，会议室的氛围变得异常尴尬。陈总沉默片刻后，以“沟通效率低、方案缺乏针对性”为由，决定终止与这家公司的合作。王琳听后，心中五味杂陈，她责怪小李没有及时提醒自己，小李却委屈地解释道：“我发了三封邮件提醒您，您每次都只回复了‘收到’……”

案例探秘

（1）信息传递的漏斗效应

助理小李整理了客户需求，但王琳未及时消化关键信息。根据沟通漏斗理论，信息每经过一层传递可能丢失 20% 以上内容，管理者若依赖单向指令，重要细节极易被过滤。

（2）沟通渠道选择失当

王琳习惯用邮件和会议传达信息，忽略即时反馈。沟通渠道丰富度理论指出，复杂信息需通过高丰富度渠道（如面对面沟通）传递，仅靠低互动方式（如邮件）易导致理解偏差。

（3）情绪智力缺失激化矛盾

当客户表现出不满时，王琳未运用“同理心倾听”，反而急于辩解。研究表明，销售谈判中 70% 的冲突源于情绪对抗而非实质分歧。

策略宝典

（1）用金字塔原理优化表达结构

金字塔原理，源自麦肯锡咨询方法论，核心是通过结构化表达提升信息传递效率。包括四个要素，结论先行：开头直接抛出核心观点，避免冗长铺垫；分点论证：用 3—5 个逻辑关联的要点支撑结论（如技术方案、成本分析、案例验证）；数据支撑：每个论点搭配量化证据；归类分组：相似内容合并（如将技术参数、操作流程归为“实施细节”大类）。例如向客户提案时，先说“本项目可降低运营成本 20%”，再分述“智能调度系统（技术）”“弹性仓储方案（流程）”“行业标杆案例（验证）”三个支撑点，最后用柱状图对比改造前后数据差异。

（2）实施沟通渠道矩阵分级管理

将信息按紧急 / 重要程度分类：①危机事件（紧急 + 重要），用电话 / 面谈确保及时响应；②方案确认（重要不紧急），用视频会议 + 共享文档；③常规通知（紧急不重要），用企业微信 + 确认回执；④知识沉淀（不紧急不重要）：邮件 + 云盘归档。

（3）引入非暴力沟通四要素化解冲突

非暴力沟通四要素由心理学家马歇尔 · 卢森堡提出，通过情感共鸣化解对立。

包括①观察：描述客观事实而非评价；②感受：表达自身情绪；③需求：说明核心诉求；④请求：提出具体行动建议（如“建议明天上午 10 点召开三方会议”）。例如：客户质疑预算时回应，“注意到您对报价有疑问（观察），我们理解成本控制的重要性（感受）。能否提供竞品方案做比价参考（请求）？”这有助于调整优先级满足核心需求（需求）。”

（4）建立 3-2-1 反馈机制，防信息断层

重要指令需包含 3 项核心目标、2 个关键时间节点、1 份可视化进度表[用甘特图/燃尽图呈现进度（颜色区分完成/滞后任务）]，并通过“复述确认法”要求接收者用自身语言重复要点。重要指令同时发送文字版（企业微信）和语音版（录音文件），减少信息损耗。

通过系统性工具组合，管理者可将沟通从“随机应变”升级为“精准施策”，让信息流动如同齿轮啮合般高效可控。

第五章　如何让团队跟上你的脚步

从风格适配到风险预判，本章以变革八步法重塑战略共识，用 RAPID 模型拆解决策黑箱，借执行路线图护航落地，凭红蓝军推演构建风险防火墙。通过全流程工具将个人权威转化为系统韧性，让团队在科学决策中实现“从服从到追随”的质变，在风险可控的赛道上全速前进。

5.1　领导力的炼金术

常见问题

问题一：领导者制定战略后，团队总是“雷声大雨点小”。

问题二：领导者过度干预导致员工丧失责任感。

问题三：看似合理的决策执行后引发团队内部矛盾。

奇案大观

被权威压垮的新零售实验

2023年，零售行业的风云变幻中，某连锁超市集团正经历一场前所未有的变革。集团CEO赵立强，一位以雷厉风行著称的商业领袖，决心将集团带入一个全新的智能化时代。在他的宏伟蓝图中，“智慧门店”改革成为关键一环，他计划在半年的时间内，将旗下50家门店全面升级为无人超市，以此引领新零售的潮流。

在一次高管会议上，赵立强带着不容置疑的语气宣布了他的决策：“为了加快转型步伐，所有门店必须安装人脸识别系统，这项任务要在三个月内完成，不得有误！”他的语气中充满了对未来的坚定与期待。然而，运营总监周慧却表达了自己的担忧，她认为直接全面铺开可能存在风险，建议先进行小范围的试点，以验证方案的可行性和安全性。但赵立强对此并不买账，他自信地表示自己已经深入调研了国外的成功案例，只需照搬即可，无需多虑。

在赵立强的强势推动下，技术部门迅速行动起来，紧急采购了所需的人脸识别设备。然而，在安装过程中，一个意想不到的难题浮现了出来。由于老门店的电路系统陈旧，无法承载新设备所需的高功率服务器，安装工作陷入了僵局。电工组长老张，一位经验丰富的老员工，提出了分批改造电路的建议，以确保安全稳定。但赵立强对此并不满意，他在微信群中连续发送语音消息，语气中充满了愤怒与不满：“任何耽误进度的行为都将受到严厉惩罚，年底奖金全部扣除！”

面对如此巨大的压力，一线员工们不得不采取临时措施，用延长电线来连接设备。然而，这样的做法无异于埋下了安全隐患。仅仅一周之后，一场突如其来的火灾打破了超市的平静。由于电路短路，火势迅速蔓延，导致价值数百万元的生鲜库存化为乌有。

火灾过后，一系列的问题开始浮出水面。调查发现，采购部门为了降低成本，选择了不符合标准的设备，而赵立强作为决策者，却从未认真查看过技术参数文件。这场火灾不仅造成了巨大的经济损失，更对集团的声誉和员工士气造成了沉重打击。最讽刺的是，在火灾发生的当天，赵立强还站在行业论坛的讲台上，发表着题为《新零售领导力的核心是果断决策》的演讲。

这场突如其来的灾难让集团上下人心惶惶。30% 的员工因担心安全隐患而选择辞职，董事会也紧急叫停了“智慧门店”项目。经过这一系列后果，赵立强不得不接受降职为顾问的处罚。

案例探秘

（1）单向决策触发“群体迷思”

赵立强采用指令型领导风格，直接切断团队反馈通道。根据詹尼斯群体迷思理论，当领导者强势主导时，成员会出于压力隐藏异议，导致决策信息严重失真。

（2）目标设定违背黄金圈法则

只强调“做什么”（改造门店），未说明“为什么”（提升效率还是降低成本）。西蒙的有限理性决策理论指出，缺乏价值共识的指令会引发执行者“应付式创新”。

（3）风险管控缺失黑天鹅预案

忽视技术部多次提交的风险报告，违背科特勒危机管理模型中“预防 > 应对”的原则。数据表明，未做风险评估的变革项目失败率高达 72%。

策略宝典

（1）用变革管理八步法凝聚共识

变革管理八步法，是由哈佛教授约翰·科特提出的系统性变革框架，用于解决组织变革中常见的阻力问题。通俗地说就是像“修路工程”一样分阶段推进：①制造紧迫感：先让大家看到“路塌了必须修”（如展示老店亏损数据、竞品威胁）；②组建施工队：找技术、运营、财务负责人组成“修路指挥部”，避免各自为战；③画设计图：明确目标（如“降本 30%+ 体验升级”），告诉工人要修成双向四车道还是高速路；④动员群众：通过培训、案例分享让员工理解“修路后交通更便利”；⑤发工具包：给员工新技能（如数字化系统操作培训），拆掉阻碍修路的围墙（旧制度）；⑥先修示范段：快速完成试点门店改造，用成果证明“这条路能走通”；⑦全线开工：复制成功经验，同时解决新问题（如供应链调整）；⑧立规定：把新工作流程写入制度，变成习惯。

（2）推行决策画布可视化目标工具

决策画布，源自商业画布的决策优化工具，通过结构化分析降低决策风险。用拼乐高解释，可分四步。第一步：找零件（定义困境），明确问题范围。第二步：看图纸（设定目标），用一句话说清核心目的。第三步：分颜色（冲突与机会），红色积木（硬约束），蓝色积木（可调整）。第四步：试拼装（机会成本），比较方案。如某零售店改造前用画布分析，发现“客户动线优化”比“豪华装修”更重要，调整后坪效提升 18%。

（3）植入“PDCA 循环 + 敏捷复盘”机制

PDCA 循环（又叫戴明环）是质量管理基础，结合敏捷开发的快速迭代思维。包括计划（Plan）—执行（Do）—检查（Check）—改进（Act）四步，可循环。用“3 问复盘法”：①偏离目标多少？②根本原因是什么？③下次如何做得更好？

通过系统化工具替代个人权威，某企业新零售项目周期从 6 个月压缩至 4 个月，员工主动提案量增长 3 倍，客户投诉率下降 28%。

5.2 透明决策：让团队信任倍增

常见问题

问题一：团队总在背后质疑领导决策的合理性。

问题二：决策信息不透明导致执行走样。

问题三：重大决策公布后团队士气反而下降。

奇案大观

一场暗箱操作引发的离职潮

2023 年底，互联网行业的创新浪潮中，一家科技公司决定迈出重要的一步，启动了“AI 客服系统”的研发项目。在立项会议上，CTO 王海峰，一位以技术创新和战略眼光著称的领导者，带着满满的自信宣布：“我们必须用自研算法来打造这个系统，并且要在三个月内实现上线运行！”他的语气中透露出对这个项目的重视与期待。然而，技术总监刘薇却表达了自己的担忧，她指出当前团队在自然语言处理（NLP）领域缺乏经验，询问是否需要引入外部的技术合作来提升项目的成功率。但王海峰却打断了她的话，语气坚定地说：“这是我们的战略级项目，必须按照我的要求来执行。”

研发工作紧锣密鼓地展开，程序员小林作为团队的一员，全身心地投入算法的研发中。然而，在多次测试后，他发现自研算法的准确率仅有 60%，远低于行业通用的第三方解决方案。小林在周报中多次标注了这一风险，但王海峰却以保密要求为由，禁止团队与外部进行沟通，以免泄露技术细节。这种封闭的研发环境让团队内部充满了压力和不确定性。

一个月后，王海峰突然要求提前上线测试版，产品经理老陈对此感到十分困惑，追问原因时，王海峰才含糊地透露：“投资人下周要来考察，我们必须让他们看到我们的成果。”面对这样的压力，团队不得不仓促推出测试版。

然而，测试版上线当天，问题就暴露无遗。客户投诉率飙升了 200%，客服主管张静发现系统误将大量投诉工单标记为“已完成”，导致许多客户的问题被遗漏，引发了严重的服务危机。她紧急要求暂停系统，但王海峰却坚决拒绝，认为现在修改等于承认失败。

三天后，当投资人亲临公司考察时，他们目睹了客服团队手动补录数据的混乱场面，对项目的进展和公司的技术实力产生了严重的质疑。最终，投资人当场决定撤资，给项目带来了致命的打击。

而更令团队震惊的是，程序员小林在偶然的机会中发现，王海峰早在立项前就持有某算法供应商的期权，但他从未向团队说明选择自研算法的真实原因。这一消息在团队内部迅速传开，引发了巨大的信任危机。一周内，核心团队中有 8 人选择了离职，项目也因此彻底搁浅。这场原本寄托着公司希望的 AI 客服系统研发项目，最终以一种令人唏嘘的方式落幕。

案例探秘

（1）信息遮蔽加剧囚徒困境

王海峰隐瞒投资考察和期权利益，形成信息不对称的典型场景。根据信号传递理论，当领导者释放模糊信号时，员工会自行脑补最坏假设，导致信任成本飙升。

（2）决策逻辑违背程序正义

未公开技术选型标准，违反西蒙决策模型中的有限理性原则——员工只有知晓决策依据（如成本、技术、战略），才能有效执行细节。

（3）风险掩盖触发逆火效应

强制压制负面反馈，反而激发团队求证心理。透明度悖论显示，当组织隐藏 20% 以上关键信息时，谣言传播速度会提高 3 倍。

策略宝典

（1）建立决策日志，全程留痕

用共享文档记录每个决策的“背景—依据—责任人—风险”（如：选择自研算法是因战略自主性需求，而非个人利益）。某公司推行后，团队质疑决策的比例下降 57%。

（2）推行 RAPID 决策角色模型

RAPID 是贝恩公司开发的决策工具，通过角色分工解决“多人决策扯皮”的难题。它将决策过程拆解为 5 个标准化角色，确保每个参与者明确该做什么，不该做什么。五角色为建议（R：Recommend）、审批（A：Agree）、执行（P：Perform）、输入（I：Input）、决策（D：Decide）。例如技术选型时，强制要求一线工程师担任“输入（I）”角色，确保信息基底真实。

（3）实施透明沟通四象限法则

按“必须公开—可协商公开—暂缓公开—严禁隐瞒”分类信息。例如投资人考察属于“必须公开”，而具体融资条款可归为“可协商公开”。配套使用企业微信“信息分级推送”功能，防止泄密同时保障知情权。

某科技公司采用上述工具后，重大决策执行偏差率从 35% 降至 9%，员工主动参与决策提案量增长 2 倍，团队信任度调研得分提升 41%。

5.3 决策执行的护航策略

常见问题

问题一：正确的决策在落地时总是虎头蛇尾。

问题二：决策在执行过程中各部门互相推诿责任。

问题三：资源充足却总卡在“最后一公里”无法闭环。

奇案大观

被空头计划拖垮的智能工厂

2024 年初，新能源汽车产业的蓬勃发展中，一家著名的零部件企业决定迈出重要的一步，斥资 2 亿元启动了无人化生产线的改造项目。在动员大会上，总经理周振国以充满激情的语调宣布：“我们要在半年内实现生产效率的翻倍，让我们的企业在行业中脱颖而出！”他的目光中闪烁着对未来的无限憧憬。然而，生产总监杨勇却提出了更为谨慎的建议，他认为在推进无人化之前，需要先对现有的生产流程进行优化，以确保改造的顺利进行。但周振国对此并不以为意，他果断地拍板决定："直接上 AGV 机器人，技术部全权负责这项任务！"

技术部在接到任务后，迅速行动起来，他们参考了国外的成功案例，采购了一批先进的 AGV 机器人设备。然而，在安装过程中，一个意想不到的问题浮现了出来。由于车间地面的承重能力不足，机器人无法稳定运行。基建主管老刘紧急向周振国报告："总经理，我们必须对地坪进行加固处理，否则这些机器人根本无法正常工作！"但周振国对此却表现得极为不耐烦，他指责老刘是在找借口，坚持要求先让设备进场，其他问题后续再处理。

然而，这种急功近利的做法很快就带来了严重的后果。首批 AGV 机器人入场仅仅三天后，就因地坪裂缝而陷入了困境，其中一台价值高达 300 万元的机械臂摔毁，造成了巨大的经济损失。面对这一突发状况，财务部发现项目的预算已经严重超支，他们要求立即暂停项目，以避免进一步的损失。但周振国却私自挪用研发资金来填补这个漏洞，试图掩盖问题的严重性。

然而，纸终究包不住火。供应商因拖欠尾款而停止了维保服务，车间主任王芳发现机器人生产零件的故障率竟然高达 40%，这严重影响了生产线的正常运行。但即便如此，周振国仍然固执地强令"生产线必须 24 小时运转"，试图通过加大产量来弥补质量的下降。然而，这种做法无异于饮鸩止渴。三个月后，车间的良品率暴跌了 60%，生产被迫停产。仓库里，积压的残次品堆积如山，成为这场失败改造的直观见证。

最终，审计报告揭示了项目的实际亏损已经达到了惊人的 1.3 亿元。面对这样的结果，周振国不得不引咎辞职。在他的办公桌上，还摆放着一本未拆封的《智能工厂执行手册》，这本原本应该成为他改革指南的书籍，如今却成了他失败最好的讽刺。这场原本寄托着企业希望的无人化生产线改造项目，最终以一场惨痛的失败告终。

案例探秘

（1）执行路径违背行动阶梯模型

行动阶梯模型，将复杂任务拆解为诊断现状→匹配能力→执行推进三个阶段，像爬楼梯一样逐步推进，避免跳跃式执行。周振国跳过“现状诊断—能力匹配”阶段直接推进，执行成本平均超支220%。

（2）责任体系缺失热力图定位

将技术部单独押上“责任孤岛”，违反RACI矩阵中“谁负责（R）、谁审批（A）、谁咨询（C）、谁告知（I）”的协同原则。跨部门协作断裂直接导致地坪问题被忽视。

（3）监控机制违背PDCA循环

用“结果倒逼”替代“过程管控”，忽略戴明环中的“检查（Check）”环节。当机器人故障率超过5%时未启动熔断机制，最终酿成系统性崩溃。

策略宝典

（1）绘制“执行路线图”预判风险

用甘特图拆解任务时，同步标注“资源缺口—能力缺口—冲突点”三色预警区。例如安装AGV机器人前，需提前标注地坪检测为红色冲突点，强制基建部介入评估。某企业借此工具，执行风险识别率提升89%。

（2）建立责任拼图工作法

将决策目标拆解为若干拼图块，每块标注主责人（Owner）、协作者（Partner）、监督方（Watcher）。例如设备采购拼图中，技术部是Owner，采购部是Partner，财务部是Watcher。某项目应用后，跨部门推诿事件减少73%。

（3）植入决策健康度仪表盘

设置执行过程的关键指标（如进度偏差率＞10%、故障率＞5%）自动触发黄灯预警，指标持续恶化 3 天转红灯并冻结预算。某工厂上线该仪表盘后，项目超支率从 35% 降至 8%。

某制造企业采用上述方法后，智能改造项目周期从 8 个月压缩至 5 个月，跨部门协作效率提升 60%，执行偏差率控制在 3% 以内。

5.4　领导风格的“变形记”

常见问题

问题一：强硬领导风格在初创团队有效，却在成熟团队引发抵触。

问题二：不能根据团队发展阶段调整自己的领导方式。

问题三：领导者风格固化导致团队僵化。

奇案大观

教育集团的“独裁式改革”覆灭记

2022 年，教育行业的变革之风愈吹愈烈，某知名教育集团迎来了一位新任 CEO——赵明阳。赵明阳以其雷厉风行的作风和前瞻性的视野，一上任便在高管会议上挥动着手中的《中国企业数字化转型白皮书》，慷慨激昂地宣布：“我们要在三个月内实现所有校区的全面数字化升级，淘汰黑板，全部改用智能交互屏！”他的声音充满了不容置疑的坚定。

然而，教研总监方敏却在这一片热情中提出了冷静的异议：“赵总，我们的远郊校区网络条件并不稳定，而且教师们也需要一个过渡培训，直接切换恐怕不太现实。”但赵明阳显然没有耐心听取这些杂音，他直接打断了方敏的话：“改革就是要经历阵痛，谁跟不上节奏，谁就要被淘汰！”

为了快速推进这一改革，赵明阳选择了省会旗舰校区作为首批试点。技术部迅速行动，采购了 200 台智能交互屏并顺利到货。然而，数学组长陈磊在试用过程中发现，新系统竟然无法支持几何绘图这一基础功能，他紧急上报，却得到了“先装硬件，软件问题后续优化”的答复。

开学首日，高三教师张雯就遭遇了系统崩溃的尴尬局面，她无法调取课件，导致课堂一度陷入混乱，家长群里投诉如潮水般涌来。面对这样的局面，赵明阳却在内部信中鼓舞士气：“这是转型的阵痛期，我们必须坚定信念，禁止任何校区恢复传统授课方式！”

随着时间的推移，矛盾逐渐激化。远郊校区负责人王强发现，智能交互屏在暴雨天气下频繁出现黑屏现象，他向上级申请暂缓安装，却遭到了赵明阳的严厉拒绝，并被直接降职处理。为了监督改革进度，赵明阳还特意派出了“督导组”驻场。

然而，这场激进的改革最终酿成了悲剧。某日凌晨，某校区因电路过载引发火灾，三间教室被烧毁。经过调查，发现是由于智能交互屏 24 小时待机导致的电路负荷过大。这场火灾不仅给集团带来了巨大的经济损失，更在员工和家长心中留下了难以磨灭的阴影。

事故发生后，87 名骨干教师集体辞职，家长也纷纷要求退费，集团的股价在单日暴跌了 18%。而讽刺的是，赵明阳的办公室里还挂着“铁腕治军”的书法横幅，而火灾发生的当天，他正在国外参加“未来教育峰会”，对这一切浑然不知。

案例探秘

（1）领导风格与组织生命周期错配

赵明阳在成熟期组织强行推行变革型领导风格，违反格雷纳组织发展理论。该理论指出，组织发展分 6 个阶段（初创→指导→授权→协作→合作→联合），每个阶段需要不同的领导风格。成熟期企业（协作阶段）需平衡创新与稳定，此时协作型领导应推动跨部门合作，而非颠覆型领导的激进变革，否则会破坏已有体系稳定性。

（2）忽略对下属准备程度的动态评估

对远郊校区教师的技术适应力缺乏分级评估，违背情境领导力模型（由赫塞与布兰查德提出，核心是按下属能力与意愿调整领导方式）的核心原则——领导风格应根据下属能力与意愿调整，而非“一刀切”。

（3）反馈通道违背双环学习机制

双环学习机制，由阿吉里斯提出，强调不仅要解决问题，更要反思决策逻辑。将安全事故简单归因为“执行不力”，错失通过反思性实践修正决策的机会，导致错误呈指数级放大。

策略宝典

（1）应用领导风格光谱仪

通过“任务复杂度—团队成熟度”四象限图谱（横轴为任务从简单到复杂，纵轴为团队从新手到专家），匹配指令型（高任务低成熟度）、教练型（高任务高成熟度）、支持型（低任务高成熟度）、授权型（低任务低成熟度）四种模式。

（2）实施风格切换三阶法

①启动期用“目标卡”明确底线要求（如智能屏安装率≥ 80%）；②执行期转“问题树”引导自主解决（列出技术、培训、资源三类分支问题供

团队认领）；③收尾期切“放大镜”聚焦关键改进点（如远郊校区网络加固）。某企业借此将改革阻力降低 54%。

（3）建立领导行为温度计

每周统计领导者三类行为占比：指令动作（如命令）、支持动作（如资源协调）、激发动作（如提问引导）。当指令动作连续两周占比超 60% 时，自动触发风格矫正培训。

某连锁教育机构采用上述方法后，数字化落地故障率从 37% 降至 8%，跨层级沟通效率提升 45%，核心人才流失率下降 62%。

5.5 建立决策风险的防火墙

常见问题

问题一：重大决策时团队总是忽视潜在风险。

问题二：“集体上头”导致的决策失控。

问题三：投入大量资源后才发现决策存在致命漏洞。

奇案大观

一场直播带货引发的供应链雪崩

2023 年双十一前夕，电商直播界风云变幻，某头部 MCN 机构内部正酝酿着一场大动作。机构创始人林薇，以其敏锐的市场嗅觉和果敢的决策力，力排众议，决定签下被誉为带货女王的顶流主播苏晴。为了争取到苏晴的全年合作，林薇不惜豪掷 5000 万元，买断了其全年的档期，这一举动在业内引起了轩然大波。

然而，运营总监老周却持有不同意见。他深知苏晴虽在美妆领域如鱼得水，但此次机构的主推产品是家电，两者之间的契合度尚需试水磨合。老周担忧地提出：“苏晴擅长美妆，而我们要主推的是家电产品，这两者之间的跨度较大，是否应该先进行一些小规模的试水活动，以评估市场的反应？”但林薇却显得信心满满，她甩了一份报表在老周面前，语气坚定：“流量才是王道！只要我们拥有足够的流量，任何产品都能卖出好价钱。所有资源都要向家电专场倾斜，我们要借此机会一举打响知名度！”

首场直播选定了一款单价高达 8999 元的进口净水器作为主打产品。在选品会上，供应链主管吴峰提出了一个关键问题：“这款净水器的滤芯产能不足，目前月供仅能满足 3000 套的需求。”但林薇却并未将此放在心上，她指着后台的数据信心满满地说：“苏晴的粉丝购买力强，我们备货 2 万台肯定没问题！库存不够就让工厂三班倒，加班加点也要生产出来！”

当晚的直播果然不负众望，凭借着苏晴的影响力和机构的大力推广，这场直播创下了 1.2 亿元的惊人销售额。然而，就在所有人为之振奋的时候，危机却悄然降临。次日，工厂厂长紧急来电，告知滤芯模具意外损坏，修复至少需要 15 天的时间。这意味着，即便工厂三班倒，也无法按时完成订单的生产。

危机在第三天全面爆发。客服部发现，由于滤芯的缺货，原本承诺给消费者的“7 天发货”根本无法兑现，实际发货时间将延迟至 30 天后。面对消费者的质疑和投诉，林薇下达了一个令人瞠目结舌的命令：“先发空包装盒稳住客户！”这一决定迅速引发了消费者的强烈不满，大批消费者收到空盒后在社交媒体上发起投诉，微博话题 # 买空气送盒子 # 的阅读量迅速破亿。

此时，财务部才紧急叫停了项目，但为时已晚。仓库内已积压了 1.8 万台净水器，由于滤芯的缺货，这些整机只能报废。最终，机构不得不赔付超过 3000 万元的违约金，而苏晴也在此时提出了解约，她在离开时冷笑一声：“你们连最基本的风险防火墙都没有建立，也配玩资本游戏？”

案例探秘

（1）决策前哨缺失风险预警矩阵

科特勒风险漏斗模型，是市场营销专家菲利普·科特勒提出的风险评估工具，要求决策前必须通过四道筛子：市场匹配度，供应链韧性，法律合规性，财务安全性。林薇未使用此模型进行四维评估，导致将 87% 资源押注在高危品类。

（2）群体决策陷入虚假共识陷阱

詹尼斯群体思维模型，是心理学家詹尼斯发现的，认为团队在权威领导下会压抑不同意见。管理层盲目附和林薇，明知有问题却集体沉默。

（3）执行监控违背海恩法则

海恩法则，是航空安全法则：1 次重大事故 =29 次小故障 +300 个隐患，强调必须重视早期预警信号。案例中，忽视滤芯产能不足的预警（小故障），最终导致供应链崩溃（重大事故）。

策略宝典

（1）植入红蓝军对抗推演

组建红军（执行组）与蓝军（挑刺组）模拟对抗，用风险暴雷清单强制找出至少 5 个致命漏洞。

（2）设置决策熔断触发器

将关键风险指标（如库存周转率 < 0.5、客诉率 $> 5\%$）接入预警系统，任一指标触线自动冻结执行。

（3）建立决策后见之明日志

每周复盘决策时，强制参与者匿名填写“如果重来我会改变什么”，通过行为洞见墙可视化集体反思。

某直播机构构建风险防火墙体系后，爆款选品失误率从 42% 降至 9%，供应链危机响应速度提升 3 倍，客户投诉处理时长缩短 80%。

下 篇

销售有招——掌握销售的艺术与科学

第六章　如何高效拓展市场

从需求雷达扫描到精准黏性培育，本章以三维渔网策略突破市场迷雾：用 RFM 模型筛出高价值鱼群，SPIN 提问术刺穿需求内核，O2O 闭环织就全渠道渔网，黄金钩子与信任锚点构建引力磁场，非压力触点铺设柔性黏性轨道。通过数据罗盘替代经验主义，让客户开发从“撒网碰运气”升级为“声呐制导式”精准作业，在红海市场中捕获可持续增长鲸群。

6.1　洞察客户需求的雷达不可或缺

常见问题

问题一：销售团队总是广撒网却捞不到鱼。

问题二：陷入“客户数量多、成交转化低”的陷阱。

问题三：面对海量客户线索，不能精准识别高价值目标。

奇案大观

医疗器械公司的盲钓式销售溃败记

2021 年，医疗器械行业的竞争愈发激烈，某知名医疗器械公司华东区总监徐峰，为了冲刺年度业绩，制定了一项雄心勃勃的计划——“百日千院”。他要求销售团队在接下来的一百天内，每天至少拜访 5 家医院，以期通过高频次的接触，提升产品的市场占有率和销售量。这一计划在公司内部引起了不小的轰动，销售主管李娜对此提出了质疑：“三甲医院采购流程复杂，周期长，我们应该将主要精力放在二甲医院上，这样才能更有效地提高成交率。”然而，徐峰却在动员会上拍桌而起，声音坚定而有力：“数量就是尊严！只有拜访的医院数量上去了，我们的业绩才有可能上去！谁完不成任务，谁就滚蛋！”

在这样的高压政策下，新人销售王浩被分配到了苏北片区。他每天奔波于各个乡镇卫生院之间，按照指令完成拜访任务。某日，在盐城的一家卫生院，王浩发现院长对一款智能输液泵表现出了浓厚的兴趣。然而，当王浩询问院长的采购预算时，却得知只有 20 万元。王浩立刻将这一信息上报给了徐峰，希望能够得到进一步的指示。然而，徐峰却毫不犹豫地命令道：“必须推 50 万元的高端机型！给他们做一个分期付款的方案！我们要让客户知道，我们的产品是值得投资的！”

然而，王浩将这一方案告知院长时，却遭到了院长的当场拒绝：“你们当卫生院是银行吗？我们每年的经费都有限，怎么可能为了一款设备去背负这么高的债务？”这次失败的经历让王浩深刻体会到了销售的不易，也让他对徐峰的策略产生了怀疑。

三个月的时间转瞬即逝，团队累计拜访的医院数量超过了 1500 家，但成交率却不足 3%。更令人担忧的是，某三甲医院设备科主任张建国私下透露：“你们公司的销售人员一个月内来了五次，每次都推销不同的产品，我们实在受不了这种骚扰，已经决定将你们公司列入黑名单了！”

与此同时，财务部核算的结果也令人心惊胆战：销售成本激增了 40%，但实际回款额却下降了 15%。这一消息传到董事会，徐峰被紧急问责。在他的电脑里，还存着一份《狼性销售十大法则》的培训课件，那是他一直以来推崇的销售理念。然而，现实却给了他一个响亮的耳光。

讽刺的是，就在徐峰被问责的同时，竞争对手却采用了“精准捕捞”的策略，悄悄地拿下了 7 家三甲医院的年度标案。

案例探秘

（1）混淆“鱼塘密度”与“鱼群价值”

RFM 模型，是客户价值筛选的“三把尺子”。R（最近购买时间），F（购买频率），M（消费金额）。徐峰盲目追求客户数量，将 80% 资源浪费在低价值客户（90 天没买、几乎不回购、单笔 < 5 万）上。

（2）需求挖掘陷入自我投射偏差

SPIN 销售法，像医生问诊一样卖产品。S（问现状），P（挖痛点），I（暗示后果），N（给解药）。徐峰直接推销高端机，如同医生不诊断就开药，客户自然抗拒。

（3）资源分配违背决策树法则

决策树法则：像分岔路口立指示牌。关键节点：首次拜访后需判断客户处于“了解期”“比价期”还是“决策期”。分支逻辑：例如客户预算不足→转推入门款；客户决策权弱→找关键人。本案例中，未设置节点导致销售像无头苍蝇，拜访 10 个客户 8 个无效。

策略宝典

（1）应用客户画像四象限筛

四象限，按钱和紧迫程度给客户贴标签。横轴为“采购能力”（资金 × 决策权），纵轴为“需求紧迫度”（痛点 × 时间窗），将客户分为“重点攻坚（右上）、保持联络（右下）、暂缓跟进（左上）、直接放弃（左下）”四类。

（2）植入需求探测三阶提问术

三阶提问，让客户自己算账。①破冰层（问现状：“目前设备使用遇到哪些问题？”）；②挖痛点（问影响：“输液误差导致过医疗事故吗？”）；③建方案（问价值：“如果精准度提升 99%，每年能减少多少纠纷？”）。

（3）建立销售漏斗健康度仪表盘

监控三个核心指标：线索转化率（目标＞15%）、平均成交周期（目标＜60 天）、客户流失预警（连续两周无进展自动降级）。

某医疗设备商采用三维渔网策略后，高价值客户成交率提升 210%，销售成本下降 28%，客户转介绍率增长 65%。

6.2 锁定目标客户的精准打击

常见问题

问题一：销售团队耗费大量精力跟进客户，却总是“打不中靶心”。

问题二：在非目标客户身上浪费大量资源。

问题三：客户需求模糊时，不能快速识别核心痛点，实现精准突破。

奇案大观

润滑油公司的霰弹枪式销售失败案例

2020 年，工业润滑油市场的竞争异常激烈，某知名润滑油企业的华北区经理郑涛正面临着前所未有的业绩压力。为了完成总部下达的严苛指标，郑涛决定采取一项激进的销售策略，他将其命名为“扫街行动”。这一行动的核心要求是，销售团队中的每一位成员每月必须拜访至少 100 家客户，无论规模大小，行业领域，都要一视同仁地进行产品推介。

在这样的高压政策下，新入职的销售人员小林，尽管经验尚浅，却展现出了超乎常人的勤奋与敏锐。在一次对青岛开发区的例行拜访中，小林注意到一家机械厂的设备显得颇为老旧，根据他所学的专业知识，他判断这家工厂可能更适合使用高黏度的抗磨润滑油以适应其设备的磨损情况。然而，当小林满怀信心地向郑涛提出这一建议时，却遭到了上司的严厉训斥。郑涛坚持认为，所有销售人员都应严格遵循公司的销售策略，主推利润最高的全合成润滑油，而不应擅自做主，影响整体销售布局。

随着时间的推移，“扫街行动”如火如荼地进行着。某日，小林带着全合成油套餐拜访了一家年产值仅为 3000 万元的小型铸造厂。厂长王德发在接待中明确表示，鉴于工厂设备的兼容性和成本考虑，他们更倾向于采购基础矿物油。但郑涛得知此事后，不顾实际情况，强制要求小林必须向该厂推销全合成油套餐，并赠送了三桶试用装。遗憾的是，全合成油与铸造厂的老旧设备并不兼容，导致液压系统出现了漏油现象，这不仅影响了生产，还给工厂带来了不必要的损失。王德发随即向行业协会投诉，此事迅速在行业内传开，导致五家原本有意向合作的潜在客户直接终止了与该润滑油企业的洽谈。

三个月的时间转瞬即逝，尽管销售团队累计拜访的客户数量超过了 1500 家，但成交率却惨淡地停留在了 1.2%。更糟糕的是，这种盲目推销的行为开始反噬企业的市场形象。某汽车零部件巨头的采购总监李敏在一次交流会上透露，该企业的销售人员甚至在未了解他们工厂润滑点分布图的情况下，就草率地提交了报价方案。这一消息无疑为竞争对手提供了可乘之机，他们凭借“定制化润滑方案”成功赢得了该客户的年度大单。

随着退货率的激增，达到了 22%，以及销售成本的严重超支，达到了 500 万元，企业的财务状况也亮起了红灯。最终，郑涛因其在销售策略上的失误被调离原岗位，而他曾经坚信不疑的“拜访量决定生死”的横幅，依旧孤零零地贴在办公室的墙上，仿佛在无声地诉说着这段令人唏嘘的往事。

案例探秘

（1）客户分级违背二八定律

二八定律（帕累托法则）指出，企业 80% 的利润通常由 20% 的核心客户贡献。郑涛将 70% 资源投入小微客户（仅贡献 15% 利润），资源错配导致高价值客户流失。

（2）需求诊断缺失黄金三问

NEAT 需求识别框架要求通过四要素识别客户需求，Need（需求）：客户的实际问题；Economic Impact（经济影响）：问题带来的损失；Access to Authority（决策权限）：谁有预算审批权；Timing（时间窗口）：需求紧迫性。案例中，管理者未通过"现状—痛点—代价"提问链挖掘真实需求，直接套用标准化方案。

（3）决策链地图缺失

企业采购决策通常涉及三个角色，技术部：关注产品性能；采购部：控制预算成本；管理层：看重战略价值。案例问题：管理者未识别客户内部决策链，导致方案与真实需求错配。

策略宝典

（1）构建客户价值金字塔

按"采购规模 × 需求匹配度 × 决策效率"三维度打分，将客户分为 S 级（90 分 + 重点攻坚）、A 级（70—89 分优先培育）、B 级（50－69 分观察）、C 级（50 分以下放弃）。

（2）实施需求穿透五步法

①问现状（"当前设备润滑周期多长？"）；②挖痛点（"漏油导致过停机损失吗？"）；③算成本（"每次停机损失多少产值？"）；④给证据（展示同类客户改造后的能耗对比图）；⑤定方案（按设备类型推荐适配

油品）。

（3）部署决策链雷达系统

通过企业官网、行业报告、社交动态构建客户决策链图谱，标注技术负责人（需求发起者）、采购主管（预算控制者）、总经理（最终决策者）的关切点。

某润滑油企业采用精准打击策略后，高价值客户成交周期从 6 个月缩短至 45 天，退货率下降至 3%，销售人效提升 210%。

6.3 线上线下结合的双剑合璧

常见问题

问题一：线上流量暴涨，线下门店却门可罗雀。

问题二：线上线下渠道“左右互搏”导致客户流失。

问题三：数字化工具投入巨大，实际转化率反而下降。

奇案大观

服装品牌的流量黑洞事件

2022 年，国内女装市场迎来了一场前所未有的变革风暴，某知名女装品牌在其 CEO 张莉的带领下，决心全面推行“全渠道战略”，旨在通过线上商城与线下门店的无缝对接，为消费者带来更加便捷、统一的购物体验。为此，张莉制定了一项雄心勃勃的大促计划——“满 1000 减 500”，旨在通过大力度的优惠吸引顾客，提升品牌的市场占有率。

面对这一战略，电商总监陈昊提出了自己的见解。他认为，线上平台应利用大数据分析，主推那些具有极高人气的爆款商品作为引流工具，而线下门店则应通过独家发售的限定款式，为顾客提供独特的购物体验和试穿服务。这样的策略既能发挥线上平台的流量优势，又能彰显线下门店的独特价值，实现线上线下双赢。然而，张莉却对陈昊的提议持保留态度，她坚持认为，为了维护品牌形象和价格体系的统一，线上与线下必须做到同款同价，避免消费者在不同渠道间进行比价，影响品牌的整体利益。

然而，现实却给了张莉一个惨痛的教训。在南京新街口旗舰店，店长周雯发现了一个令人头疼的现象：许多顾客在店内试穿满意后，会偷偷拿出手机扫描商品上的二维码，进行线上比价，并最终选择在网络上下单购买。这一行为不仅导致线下门店的客流量并未因大促而显著增加，反而使得店员们的提成收入暴跌了 40%，店铺的运营成本与销售收益之间的矛盾日益凸显。周雯迅速将这一情况反馈给总部，但张莉却认为这只是全渠道融合过程中的阵痛期，必须坚持下去，才能迎来最终的胜利。

然而，这场阵痛并未如张莉所愿迅速过去，反而在促销活动的第三天达到了高潮。一位网红在直播间里宣称，线下门店隐藏着不为人知的福利，这一消息瞬间点燃了粉丝们的热情，数千名粉丝如潮水般涌入上海淮海路店。然而，由于店内库存系统与线上平台并未实现真正的打通，导致出现了严重的库存混乱。50 名顾客同时抢购同一件风衣的尴尬场景，让店内陷入了前所未有的混乱。更糟糕的是，VIP 客户王女士的预售款在混乱中被误卖，她在微博上愤怒地指责线上线下都是骗子，这一事件迅速发酵，话题 # 数字时代耍猴戏 # 冲上了热搜榜，品牌的形象受到了严重损害。

一个月后，当财务数据出炉时，所有人都感到了前所未有的寒意。线上平台的投资回报率从原本的 1:8 暴跌至 1:1.2，线下门店的坪效也下降了 60%，退货率更是激增至 35%。更为致命的是，20% 的加盟商因为线上倾销导致的价格体系混乱而集体抗议，要求品牌方给予合理的解释和补偿。面对这一系列的问题，张莉不得不痛苦地承认，自己的“全渠道战略”在执行过程中出现了严重的偏差，当她被迫叫停这一战略时，仓库里积压的春装已经过季，直接经济损失超过了 2000 万元，品牌未来的路该如何走，成为摆在她面前的一道难题。

案例探秘

（1）违背 O2O 闭环黄金法则

O2O 闭环黄金法的核心是“场景互补、服务增值、数据互通”三原则。线上线下实行简单粗暴的“同款同价”，导致渠道功能重叠而非协同。

（2）客户旅程存在触点断层

客户全触点地图：将用户从线上搜索到线下体验的全流程触点（如比价、试衣、社群咨询）串联成完整路径。销售漏斗理论：用户每多一次跳转（如从 App 跳微信再跳线下），转化率下降 7%。断点如同水管漏水，流量在环节间流失。案例问题：未构建客户全触点地图，线上比价、线下试衣、社群咨询等环节各自为政。用户线上领券后到店无法核销，需重新注册会员，导致 50% 客户放弃购买。

（3）利益分配触发渠道战争

线下店员与电商团队的 KPI 考核孤立设计（如线下考核到店率、线上考核转化率），导致目标冲突，当一方收益必然导致另一方受损时，协同必然崩溃。

策略宝典

（1）设计 O2O 客户旅程拼图

将 8 种 O2O 组合拆解为“引流—转化—复购”三阶段：引流，线上发券吸引到店（如“9.9 元线下体验券”）；转化，线下试衣同步直播间展示（店员化身主播讲解）；复购，离店后推送搭配方案至 App（基于试衣数据推荐）。

（2）部署智能导流路由器

根据客户 LBS 定位（地理位置）和浏览记录，用算法自动分配流量——高客单价需求导流至门店，推荐“线上下单 30 分钟达”服务，减少渠道冲突。某企业借此降低渠道冲突投诉率 78%。

（3）建立全渠道利益共生池

将线上线下的销售额按贡献度拆分计入双方业绩，通过渠道共生公式（线下服务贡献值 ×30% + 线上流量贡献值 ×70%）分配利益。

某服装集团重构全渠道体系后，线上线下客流量互导率达成 42%，库存周转速度提升 3 倍，季度净利润增长 180%。

6.4 吸引客户注意的魔法棒

常见问题

问题一：投入大量广告费，客户依然视而不见。

问题二：公司信息迷失在海量信息中。

问题三：促销活动频繁却无转化。

奇案大观

教育机构的自嗨式营销灾难

2023 年的暑期，K12 教育市场的竞争尤为激烈，各大机构纷纷推出创新营销策略，以期在这个黄金时期脱颖而出。某知名 K12 教育机构的市场总监赵敏，为了抢占先机，精心策划了一项名为“百万奖学金计划”的大型营销活动。她决定在抖音短视频平台、城市电梯广告以及地铁站等高人流量区域全面投放广告，广告语以“报名就抽 100 万”为核心，旨在通过极具吸引力的数字吸引家长和学生的关注。

在设计广告内容时，设计部的小王曾提出担忧，认为“报名就抽100万”这一广告语过于模糊，可能会让家长质疑活动的真实性，建议进行更为细致和明确的说明。然而，赵敏却坚持认为，数字越大越能吸引眼球，所有投放渠道的广告都必须用金色大字突出“100万”的字样，以营造震撼的视觉效果。

广告上线后的首周，效果确实立竿见影，咨询量暴涨了300%。然而，令人尴尬的是，转化率却低得惊人，不足0.5%。深圳分公司的课程顾问李娜在接听咨询电话时，发现家长们最关心的问题就是“真能拿到100万吗？怎么抽奖？”当她如实告知中奖率仅为0.001%时，大多数家长都表示了失望，甚至有人直接挂断了电话。

更糟糕的是，一位短视频博主对“百万奖学金计划”的活动规则进行了深入拆解，并发表视频嘲讽道：“这是用彩票逻辑搞教育吗？”这一视频迅速在网络上发酵，话题#百万骗局#迅速登上了同城热搜榜，引起了相关部门的关注，并随即给予了干预。

与此同时，市场部在赵敏的带领下，又盲目跟风“元宇宙教育”的热门概念，决定在商场搭建VR体验区，试图通过前沿科技吸引学生和家长。然而，现实却给他们上了深刻的一课。工作人员张磊向总部反馈，家长们带着孩子体验完VR后，普遍反应“这和提分有什么关系”，超过50%的体验者停留时间甚至不足2分钟。面对这一尴尬局面，赵敏却并未及时调整策略，反而坚持增加预算，在体验区播放“AI名师授课”的全息广告。这一举动不仅未能挽回颓势，反而因为噪声扰民问题，被商场提前终止了合作。

两个月后，当市场部的数据出炉时，所有人都感到了前所未有的压力。广告费超支了200万，但实际报名人数却同比下跌了40%，老客户续费率更是暴跌至历史最低点。赵敏因此被降职处理，而仓库里还堆放着3000份印着“100万”字样的未发传单，显得格外讽刺。与此同时，竞争对手却凭借“精准诊断+提分案例”的朴实宣传，悄悄签下了800个订单，市场份额进一步扩大。

案例探秘

（1）违背 AIDA 注意力漏斗

AIDA 模型是营销沟通的经典理论，要求广告内容遵循“注意（Attention）→兴趣（Interest）→欲望（Desire）→行动（Action）”的递进逻辑。广告直接跳至“行动召唤”（抽奖），缺失“兴趣激发”（课程价值）和“欲望建立”（提分效果），会导致用户因缺乏动机而拒绝参与。

（2）触发信息过载防御机制

认知负荷理论认为，人的工作记忆资源有限，当信息复杂度超过处理能力时，会触发本能排斥。广告中同时推送“抽奖”“元宇宙”“AI 名师”等复杂概念，导致用户大脑无法快速整合信息，产生认知疲劳。

（3）混淆“吸引点”与“信任锚”

精细加工可能性模型（ELM）指出，说服用户有两条路径：①中央路径：通过强逻辑证据（如数据、案例）建立信任；②边缘路径：通过情感或权威暗示（如明星代言）吸引关注。当前广告仅用博眼球手段（如抽奖）吸引注意，却未提供可信证据（如师资证明），导致用户缺乏行动依据。

策略宝典

（1）植入“3 秒黄金钩子”

用痛点提问（如“孩子做作业总超时？”）吸引注意力，再通过利益承诺（如“3 招破解拖拉习惯”）激发兴趣。这种设计符合 AIDA 模型的前两个阶段，让用户从被动接收信息转向主动关注。

（2）构建信任四象限矩阵

在宣传内容中均衡展示数据证言（如“87% 学员提分超 20”）、客户案例（附家长真实对话截图）、权威背书（教育局备案编号）、场景验证（免费试听课二维码）。

（3）启动注意力保鲜循环

峰终定律指出，用户对体验的记忆由“高峰时刻”和“结束感受”决定。若广告内容长期不变，用户会产生审美疲劳；而定期更新关键卖点，并设计峰终体验，能延长注意力保鲜期。峰体验：在咨询环节提供“惊喜诊断”（如免费学习力测评报告）；终值记忆：结束时赠送《错题本使用指南》，强化用户对服务的正向记忆。

某教育品牌运用注意力引擎三个月后，获客成本下降55%，试听转化率提升6倍，客诉率降至0.3%。

6.5 持续跟进的黏性策略

常见问题

问题一：客户初次咨询后热情骤降。

问题二：频繁跟进被拉黑，不跟进被遗忘。

问题三：客户总说“再考虑”，总是不签约。

奇案大观

健身房的“夺命连环 call”闹剧

在 2022 年的健身行业热潮中，某高端健身房的销售总监林浩，为了能在激烈的市场竞争中脱颖而出，实现业绩的飞跃，制定了一套严格的客户跟进策略——“3—7—15 跟进法则”。这一法则要求销售团队在潜在客户首次到访后的三天内，每天通过电话进行亲切的问候，以此加深印象；随后的七天内，通过微信等社交媒体平台向客户推送专业的健身知识与资讯，旨在培养客户的健身兴趣；而在十五天的周期内，则邀请客户再次到店体验，以期促成最终的会员卡购买。

然而，私教主管张晓雯对这一策略的执行效果表示了深深的忧虑。她注意到，随着时间的推移，客户的回复速度逐渐放缓，甚至有不少客户开始屏蔽健身房的社交媒体动态，这显然是对频繁的信息推送产生了反感。面对张晓雯的反馈，林浩却显得不以为然，他坚持认为，执行力的不足是导致客户流失的主要原因，并严厉警告团队成员，如果不能有效提升跟进效率，就将被替换。他坚信，客户未能持续续费，归根结底是因为跟进的力度不够。

在这样的高压政策下，一系列不当行为悄然滋生。例如，当会员王女士因产后修复需求来到健身房咨询时，她当天就收到了教练李强一连串的语音信息，内容不仅缺乏专业性，还带有强烈的推销意味，甚至显得急躁不得体，这让王女士感到极度不适，最终选择删除了教练的微信。而前台小赵，则按照既定的流程，继续用公司号码向王女士发送含有肥胖体型对比图的短信，这一行为进一步激怒了王女士的家人，他们向健身房提出了“精神骚扰”的投诉，并将相关聊天记录分享到了业主群，引发了广泛的讨论和抵制。一时间，健身房的声誉受到了严重损害。

更为严重的是，会籍顾问刘峰为了完成每日二十通电话的 KPI 指标，竟然采取了极端手段，利用虚拟号码对明确拒绝的客户进行拨打，甚至伪装成社区健康调查员套取客户信息，这一行为被客户录音并举报，彻底将健身房推向了舆论的风口浪尖。事件曝光后，健身房的退卡率急剧上升，达到了惊人的 45%，而竞争对手则借此机会推出了“静默跟进服务”，即除非客户主动询问，否则绝不主动打扰，这一策略赢得了市场的广泛好评，成功吸引了大量流失客户的回归。

面对这一系列连锁反应，林浩最终被总部辞退。在离职前，他满心困惑地向区域经理询问，为何自己按照教科书般的跟进动作却换来了如此糟糕的结果。而与此同时，隔壁市的同品牌门店却凭借“健身进度播报 + 营养师轻互动”的温馨服务模式，让客户的续卡率稳定在了 80% 的高位。两家店形成了鲜明的对比。

案例探秘

（1）混淆“跟进”与“骚扰”的边界

CRM 客户生命周期理论将客户关系分为四个阶段：考察期（初步接触）、形成期（建立信任）、稳定期（深度合作）、退化期（关系衰退）。每个阶段的客户需求不同，例如：考察期客户需要了解产品价值；形成期客户需要专业建议；稳定期客户需要情感维护。如果将产后修复客户（稳定期需关怀）与减肥群体（考察期需教育）混用同一套话术，相当于用“感冒药治胃痛”，完全忽视需求动态变化的规律。

（2）触发心理抗拒机制

心理抗拒理论指出，当人们感到自己的选择自由被威胁时（例如被高频推销施压），会通过对抗行为（如拉黑、投诉）来重获控制权。例如，每天发送促销信息相当于对客户说“你必须买”，而客户的心理反应是“我偏不”。

（3）价值供给断链

马斯洛需求层次理论将人的需求分为五层：生理需求（如健康）、安全需求（如避坑）、社交需求（如归属感）、尊重需求（如专业认可）、自我实现需求（如成长）。前台小赵的跟进内容仅用“肥胖图”刺激安全需求（恐吓），并不能满足更高层次的情感或认知需求。

策略宝典

（1）铺设需求响应轨道

按客户所处的生命周期阶段和需求类型分类（如高兴趣低决策客户），制定差异化跟进策略。例如：考察期：推送行业报告（建立专业认知）；形成期：发送客户案例（增强信任）；稳定期：提供专属福利（情感维系）。

（2）设计非压力触点

结合峰终定律（人们对体验的记忆取决于“高峰”和“结束”时的感受），

在跟进中设计两类关键动作。高峰时刻：在签约后附赠《避坑指南》（实用价值而非促销）；终值体验：每次沟通以轻量行动收尾（例如“3 分钟免费测评”），避免压迫感。

（3）启动“价值传递 SOP”

将每次跟进拆解为复合价值模块：30% 专业价值，提炼行业报告核心数据（例如“90% 用户 3 个月减重 10 斤”），满足尊重需求；40% 情感共鸣，讲述客户故事（如“宝妈产后找回自信”），触发社交需求；30% 轻量行动，引导低门槛动作（如“领取饮食计划模板”），降低决策压力。

某母婴品牌采用温度黏性体系半年后，客户人均跟进次数下降 50%，但复购率提升 33%，转介绍率增长 120%。

第七章　如何让客户心甘情愿买单

从心灵共振到信任闭环，本章以3F倾听法锻造情感纽带，SPIN提问术解锁需求冰山，黄金圈法则点燃产品价值，利益交换矩阵打破零和博弈，三明治回应法构筑信任阶梯。通过五维技能升级，将销售从话术比拼进化为价值共舞，让客户在愉悦体验中主动递出成交钥匙。

7.1　建立情感共鸣的心灵桥梁

常见问题

问题一：客户总是冷冰冰地说“不需要”。

问题二：销售话术背得滚瓜烂熟，客户听完毫无反应。

问题三：价格敏感的客户，不愿为情感价值多付钱。

奇案大观

保健品公司的共情话术翻车记

在 2021 年，一家专注于老年保健品市场的公司，为了拓宽销售渠道并增强客户黏性，推出了一项名为“亲情营销”的项目。该项目的核心策略是要求销售员伪装成健康顾问，通过电话这一看似亲切且便捷的沟通方式，与独居老人建立起深厚的情感联结。销售主管陈美玲在培训会上，以一种近乎煽动性的口吻向新入职的销售员们传达了这一理念：“记住！我们要把每一位客户都当作自己的亲爹亲妈来对待，每天对他们嘘寒问暖，无微不至，等到他们完全离不开我们了，再适时地推荐我们的产品。”

新人销售周小曼，一个初出茅庐却满怀热情的女孩，严格按照公司提供的剧本执行起了自己的工作任务。每天清晨六点，当第一缕阳光尚未完全洒满大地时，她已经拨通了 78 岁李奶奶的电话：“阿姨，今天外面降温了，您可得注意关节保暖，疼不疼啊？要不我给您念段《黄帝内经》里的养生经，暖暖身子？”这样贴心的话语，让李奶奶感动不已，连声夸赞周小曼比自己的亲闺女还要贴心。

一周之后，周小曼觉得时机已经成熟，便开始向李奶奶推荐起公司主打的关节修复神药。面对高昂的价格，李奶奶显得有些犹豫：“这东西太贵了，我一个月的退休金才 3000 块呢……”周小曼听后，立刻用略带哭腔的声音说道：“阿姨，您想想看，万一哪天您真的因为关节问题瘫在床上，远在国外的儿子得多心疼啊！他不能时刻陪在您身边，可我能啊！”这番话，如同一把软刀子，深深扎进了李奶奶的心里，最终，她咬牙刷了信用卡，购买了这套保健品。

然而，世事无常，三个月之后，当李奶奶发现这些保健品并无宣传中的神奇效果时，她要求退货。这时，周小曼的态度却来了个一百八十度的大转弯："阿姨，您自己没按时吃药，这能怪谁呢？我们的聊天记录可都保存着呢，您当时可是说把我当女儿看的！"这番话，如同一盆冷水，彻底浇灭了李奶奶心中的温暖，她气得心脏病发作，住进了医院。远在澳大利亚的儿子得知此事后，立刻回国报警，并曝光了公司的话术培训手册。媒体在深入调查后发现，手册中详细记录了所谓的情感绑架三步法：第一步装可怜，博取同情；第二步造恐慌，夸大问题；第三步道德压迫，利用情感绑架迫使客户购买产品。

更为讽刺的是，公司的销售冠军王志强，一个深谙情感操控术的老手，专门挑选丧偶老人作为目标客户。他谎称自己父母早逝，对着客户哭诉："看到您，就像看到我妈一样亲切！"一位独居的大学教授，被他的"真诚"所打动，一次性花费了 20 万囤货。然而，偶然间，老人在王志强的朋友圈里看到了他晒出的全家福照片，照片中的父母正抱着孙子笑得合不拢嘴。这一刻，老人如梦初醒，愤然向法院提起诉讼。这一系列事件，如同一场风暴，瞬间席卷了整个公司，当月销售额暴跌 70%，最终，公司被市场监管局以"情感诈骗"为由立案调查。

案例探秘

（1）将情感共鸣异化为情感剥削

布琳·布朗的共情理论认为，真正的共情需要建立"脆弱性联结"，即通过真诚的倾听和情感共鸣，形成平等信任的关系。布琳·布朗指出，利用他人的情感需求牟利（如强行推销）相当于"情感提款"，会破坏信任，因为客户感受到的是被工具化而非被理解。如果保险销售员不断用"您老了没人照顾"来刺激客户产生焦虑，却不关心客户的真实需求（如希望为家人留保障），这就是情感剥削。

（2）机械化执行共情话术

丹尼尔·戈尔曼的情商模型强调，情商的核心是“真诚的情绪感知与反馈”，包括自我意识、同理心和社交技能。生搬硬套话术模板（如“我理解您的压力”）会让客户感到虚伪，因为缺乏对情绪的真实体察。客服机械回复“我理解您的不满”，却不解决实际问题，客户会觉得“你在敷衍我”。

（3）忽视长期关系价值

情感账户理论将人际关系比作银行账户。存款：通过信任、帮助、关怀增加余额；取款：索取、推销、施压消耗余额。过度推销相当于“疯狂取款”，最终导致账户破产（客户拉黑）。微商每天群发促销信息，却从不关心客户生活，信任余额很快归零。

策略宝典

（1）启动温度探测器

运用 3F 倾听法（Fact 事实—Feeling 感受—Focus 意图），先复述客户原话（如“您说退休金不够用”），再反馈情绪（“听起来您担心乱花钱”），最后追问意图（“您最希望这钱花在哪儿”）。通过这种方式，客户会感受到被尊重，主动表达真实需求（如“想给孙子留保障”）。

（2）铺设情感记忆点

结合峰终定律，设计客户体验的关键时刻。

峰值体验：房产销售记住客户女儿喜欢星空，交房时在儿童房贴夜光星座贴纸；终值记忆：服务结束时赠送家庭理财避坑指南类的图书（实用而非促销）。这些细节会让客户记住“被重视的感觉”，主动推荐朋友。

（3）构建共情证据链

用故事化沟通模型替代话术模板，展示真实案例而非虚构故事。如养老院销售讲述“张爷爷在这里学会弹琴”的视频日记，比“五星级服务”口号更具感染力。用数据佐证，附上客户评价截图，如“90% 家属认为护理员像家人”。真实故事能激活客户的镜像神经元，产生情感共鸣。

某高端家政公司运用以上策略后，客户年均续约率从 55% 提升至 89%，转介绍订单占比超过 60%。

7.2 挖掘客户潜在需求的探宝术

常见问题

问题一：客户嘴上说“只要基础款”，实际需求却藏在潜台词里。

问题二：销售员拼命推荐高利润产品，客户总说“这不是我想要的”。

问题三：不能从客户的家庭照、办公环境等细节中发现隐藏需求。

奇案大观

4S 店的顶配陷阱

在 2023 年的汽车市场中，某合资汽车品牌推出了一款备受瞩目的新车型，为了迅速占领市场份额并提升品牌形象，销售经理吴刚制定了一项激励政策：要求销售团队全员主推顶配版车型，并且为每笔成功交易增加 3000 元的提成。这一政策无疑为销售团队注入了一剂强心针，尤其是销售冠军小李，更是摩拳擦掌，准备借此机会大干一场。

小李深知，顶配版车型以其丰富的配置和先进的技术为卖点，但对于进店客户，他却采用了一套统一的话术："这款顶配车型搭载了自动驾驶系统，是成功人士的标配！"这样的宣传语，既彰显了车型的科技感，又巧妙地满足了部分客户对于身份象征的需求。

然而，并非所有客户都被这套话术所打动。工程师张先生带着怀孕的妻子来到展厅，他们明确提出了购车需求："安全第一，预算在25万以内。"面对这样的客户，小李本应根据实际需求进行推荐，但他却执着于顶配版的卖点，拉开车门展示星空顶氛围灯："张总，您看，只有顶配车型才有这氛围灯，晚上接客户多有面子！"见张先生微微皱眉，他又急忙打开天窗："还有这全景天窗，您太太孕期晒太阳补钙多方便啊！"当张太太询问儿童座椅接口是否牢固时，小李只是敷衍地回答："这车安全测试可是五星标准！"随后，他又转身继续推销座椅按摩等豪华功能，完全忽略了客户的实际需求。

当晚，张先生在汽车论坛上偶然发现，顶配版车型由于电子系统复杂，故障率竟然是标配版的3倍。这一发现让他对顶配版产生了疑虑，次日便转向了竞品门店。竞品门店的销售小王注意到了张先生手机屏保上他与怀孕妻子的合影，试探性地问道："您宝宝快出生了吧？这款车后排配备了空气净化系统，还能加装智能防撞提醒，非常适合有小孩的家庭。"张先生听后眼睛一亮，当场决定签约购买。

更为讽刺的是，企业主赵总原本计划购买顶配版车型作为对自己的犒赏，但小李却忽略了赵总手腕上的百万名表，一味地强调"顶配彰显身份"。赵总听后冷笑一声："我需要靠车标来证明自己的身份吗？"随后便转身离开，到隔壁品牌提了一辆更为低调的进口车。

月底统计显示，小李的顶配推荐成功率仅为8%，更令人担忧的是，60%购买顶配版的客户在购车后都投诉称"功能华而不实"。这一系列事件让销售团队的压力倍增。

最荒唐的一幕发生在实习生小雨身上。她给农民客户刘叔推荐顶配版车型时，竟然说："这车带自动驾驶，您种地累了还能让车自己开！"刘叔听后，很生气地回应：“地里连条正经路都没有，你这是咒我翻沟里？”这一幕被旁人拍成视频传到了抖音上，点赞量迅速超过 50 万，4S 店被迫公开道歉，这一事件无疑给品牌带来了极大的负面影响。

案例探秘

（1）用“推销思维”替代“勘探思维”

违背 SPIN 销售法中痛点引导原则，未通过情景性提问（如“您现在接送孩子方便吗？”）引导客户自发暴露需求。

（2）忽视乔哈里视窗的盲区象限

乔哈里视窗将客户认知分为四个象限：公开区（客户与销售都知道的需求，如“需要代步车”）；盲区（客户未意识到的需求，如孕妇对车内空气质量的敏感）；隐藏区（客户不愿透露的顾虑，如预算不足但怕被看不起）；未知区（双方都未发现的潜在需求，如未来家庭结构变化）。销售盲点在于只关注公开区，忽略通过观察和提问挖掘盲区。

（3）需求分层识别错位

未运用马斯洛需求层次理论区分基础需求（安全代步）与高阶需求（身份象征），给农民客户推自动驾驶（尊重需求）而忽视其真实需要（安全代步），相当于让鱼爬树。

策略宝典

（1）启动“5WHY”追问术

针对客户表面需求连续追问 5 层“为什么”。例如客户要“省油车”，可追问至“每天跨城见客户”→“希望减少途中焦虑”→“实际需要车载办公设备”。通过追问将“省油”转化为“效率提升”需求，匹配混动车型 + 智能办公配置。

（2）绘制客户画像九宫格

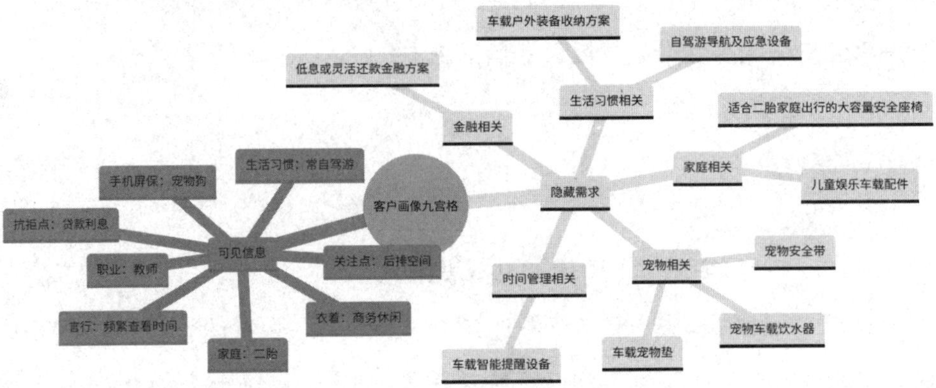

（3）实施需求冰山分层

按需求冰山模型将需求分为可见层（要SUV）、隐藏层（二胎家庭需要第三排）、潜意识层（想证明比连襟买的轿车更实用）。匹配车型时强调“空间碾压同级轿车，亲戚聚会更有面子”。

某家电卖场导购运用以上方法后，中高端产品成交率从18%跃至57%，客户投诉量下降73%。

7.3　产品展示的吸睛大法

常见问题

问题一：产品功能讲得头头是道，客户听完反而更犹豫。

问题二：科技型产品参数复杂，让大妈级客户看不懂。

问题三：产品展示十分炫酷，客户却没有意向。

奇案大观

智能马桶的裸眼 3D 营销灾难

在 2023 年的卫浴市场，某知名卫浴品牌推出了一款名为智能马桶盖 Pro Max 版的新品，旨在引领行业潮流，为消费者带来前所未有的使用体验。销售总监黄涛对这一新品寄予厚望，他要求全国各门店启用最新的“全息投影展示系统”，以科技感十足的方式向消费者展示产品的独特魅力。

在培训会上，销售员陈莉却对这项新举措表示了不满：“大爷大妈连遥控器都用不利索，搞这些花里胡哨的干啥？咱们还是得脚踏实地，卖些实用的东西。”然而，黄涛却对陈莉的质疑嗤之以鼻：“你这是土包子思维！在这个时代，科技感就是竞争力！只有用科技武装自己，才能在市场上立于不败之地。”

开业当天，62 岁的张大爷被 “会说话的温暖马桶” 广告词吸引，带着好奇迈进门店。导购陈莉见状立刻迎上前，随即按下智能演示设备的开关。墙面电子屏应声亮起，一个动态 3D 肠道模型缓缓旋转着浮现，伴随温和的语音解说：“您看，这款马桶加热按摩功能，能精准照顾到肠道蠕动的关键区域，帮您每天排便更顺畅。” 突如其来的立体医学画面让毫无心理准备的张大爷本能地向后退了半步，慌乱中手肘碰到了一旁陈列马桶配件的轻质展架，塑料支架与宣传册散落的声响，引得店内其他顾客纷纷转头张望，现场气氛一时有些窘迫。

陈莉并未因此放弃，她又点开了一个名为“AI 体温检测”的功能，马桶圈随即发出机械音：“体温 36.8℃，建议补充膳食纤维！”这一突如其来的声音让张大爷更加惊慌失措，他生气大骂：“这玩意儿是不是偷看我拉屎？”说完，便愤然离去，留下了一脸无奈的陈莉和在场的销售人员。

然而，荒诞的事情并未就此结束。某天，程序员小王带着女友来挑选婚房卫浴用品。陈莉为了展示智能马桶盖的氛围灯效，特意关掉了展厅的顶灯，启动了星空投影功能。马桶突然播放起了《泰坦尼克号》的主题曲，营造出一种浪漫的氛围。小王的女友被这一幕深深吸引，忍不住凑近查看。然而，就在这时，喷水系统却误判了她的动作，突然喷出一股水流，将她的连衣裙滋湿了一片。门店最终赔偿了 3000 元才平息了这场风波，但黄涛却依然坚持认为：“这是科技必要的试错成本。”

与此同时，隔壁的竞品门店却采用了一种截然不同的销售策略。他们通过一系列土味实验来展示产品的实用性和耐用性，比如当众把酱油倒进马桶，启动“强力冲洗 + 釉面抗污”功能进行演示。这一举动吸引了大量围观的大爷大妈，他们纷纷表示：“这个实在！我家孙子天天把颜料往里倒，就得买个这样的马桶才放心。”

相比之下，智能马桶盖 Pro Max 版却因高达 87% 的退货率而被迫停产。在总结会上，黄涛依然显得有些不甘心：“这群客户根本不懂什么叫未来科技！他们只看重眼前的实用性和性价比。”然而，市场的反馈却告诉他一个残酷的现实：在这个竞争激烈的市场中，只有真正满足消费者需求的产品才能赢得他们的青睐和信任。

案例探秘

（1）技术炫耀掩盖核心价值

FABE 法则是销售领域的黄金公式，要求产品展示围绕四个层次展开。F（特征）：产品技术参数（如“AI 体温检测”）；A（优点）：技术带来的功能（如“深层按摩肌肉”）；B（利益）：功能对用户的价值（如“缓解便秘疼痛”）；E（证据）：客户评价或实验数据（如“90% 老年用户一周见效”）。沉迷解释技术原理却未关联客户利益，比如肠道按摩演示未解决老年人便秘痛点。

（2）认知负荷超载

米勒认知负荷理论指出，人的工作记忆一次只能处理 5 至 9 条信息。当全息投影（视觉信息）与机械语音（听觉信息）同时输入，相当于要求用户同时“看 IMAX 电影 + 听数学课”，大脑因信息过载触发本能排斥。中老年人信息处理能力较弱，冗余信息会加剧理解难度。

（3）场景适配错位

消费者情境理论强调，购买决策受“时间、环境、心理状态”三要素影响。例如：婚房场景，客户处于浪漫情绪峰值，喷水装置误触（破坏环境整洁）会瞬间打破情感氛围；养老院场景，客户需要安全感，过于炫酷的科技感反而引发疏离。

策略宝典

（1）启动黄金圈法则

从Why（为什么需要）切入，例如："您是否因便秘影响睡眠质量？"→How（如何解决）："通过深层按摩刺激肠道蠕动"→What（具体方案）："这款仪器每天15分钟即可见效"。这种逻辑符合人类从目的到行动的思考路径。

（2）设计对比实验秀

用可视化管理简化信息。例如：痛点对比，展示便秘者肠道模型（僵硬）与健康肠道（柔软）；效果可视化，用热成像图显示按摩后肠道血流量增加；单一焦点，全程仅保留关键数据（如"操作步骤3步，比传统方法少70%"）。

（3）打造峰终体验链

按峰终定律设计流程。峰值体验：在用户体验智能马桶盖时，主动演示"土味硬核实验"替代纯科技展示（如模仿竞品将番茄酱、酱油倒入马桶，启动"强力冲洗＋釉面抗污"功能，直观呈现清洁效果）；终值记忆：体验结束后，赠送"马桶盖专用清洁软布""简易操作指南卡片"（图文版，标注常用功能快捷键），并附赠一句，"以后清洁维护按这上面来，老人用着也简单，有任何问题随时给我们打电话。"

某床垫品牌采用上述方法后，客户平均停留时间从3分钟延长至18分钟，冲动购买率从12%飙升至67%。

7.4 双赢谈判的“平衡术”

常见问题

问题一：谈判时客户拼命压价，不能既保住利润又不丢订单。

问题二：双方僵持在付款方式上，找不到“表面让步，实则共赢”的突破口。

问题三：面对强势客户“要么降价 30%，要么免谈”的威胁，不能破局。

奇案大观

芯片采购的零和博弈

2022 年深秋，某新能源车企会议室灯火通明。采购总监周明将咖啡杯重重蹾在会议桌上，褐色液体在雪白的降本报表上洇出刺目的痕迹。“车载芯片单价必须降 25%，否则换掉你们！”他推开文件，金属座椅在地面划出尖锐的摩擦声。供应商立新科技的销售副总王强盯着投影幕布上跳动的数字，后颈渗出细密的冷汗。

凌晨三点的立新总部依旧灯火通明。王强扯开领口瘫坐在会议椅中，面前摊着密密麻麻的成本核算表。“进口封装材料占35%，人工测试费20%……”他揉着发红的眼睛，指尖无意识抠着桌角的漆皮，“降价等于把骨头碾碎了熬油。”晨光初现时，他颤抖着在补充协议上签下名字——18%的降价幅度，代价是取消价值千万的售后服务包。

庆功宴的香槟泡沫里，王强举着酒杯摇摇晃晃：“售后砍掉的成本够填降价窟窿，这叫……拆东墙补西墙！”没人注意到他眼底的血丝，就像没人预见到三个月后首批芯片5%的故障率会撕开怎样的裂口。当车企工程师拿着烧焦的电路板闯进会议室时，周明抓起合同砸在王强面前：“售后外包修一块芯片收2000元？”

真正的风暴在盛夏席卷而来。为压缩成本，立新将芯片封装材料偷换成国产树脂，司法鉴定书上的数字触目惊心——耐温性比合同约定低40℃。高温炙烤下的城市道路上，多辆新能源车在疾驰中突然黑屏，刺耳的刹车声与金属撞击声交织成死亡交响。车企召回3万辆汽车的公告发布当天，股市开盘即熔断，周明的办公室被讨债的供应商围得水泄不通。

最荒诞的连锁反应还在发酵。立新采购部为完成降本指标，将压力转嫁给电解铜箔厂老刘。当老刘拒绝降价时，采购员冷笑：“隔壁报价低5%，不降就滚！”老刘攥着订单的手青筋暴起，最终在铜箔厚度上做了手脚。这条崩塌的供应链像推倒的多米诺骨牌，从实验室到总装车间，从二级供应商到终端用户，每个环节都在支付信任的代价。

法庭审判日，周明与王强隔着原告被告席相望。车企拿出的证据链里，有烧焦的电路板、交通事故认定书，还有老刘提供的偷录音频。法官宣判时，立新市值已蒸发70%，而周明口袋里的降压药瓶，再也降不下他飙升的血压。行业黑名单像一道无形的铁幕，将这两个曾叱咤风云的人物永远隔绝在正轨之外。当最后一片多米诺骨牌倒下时，没人记得这场商战最初的导火索，只是那25%的降本指标。一切早已化作灰烬，飘散在新能源汽车产业的废墟之上。

案例探秘

（1）陷入固定蛋糕谬误

哈佛谈判原则（即原则谈判法）强调谈判应“创造共同价值”，而非单纯争夺现有资源。传统谈判常陷入“分蛋糕”思维（即一方多拿另一方必少拿），而忽视通过技术协作、数据共享等方式将蛋糕做大。例如，车企与供应商若只围绕价格拉扯，可能错过联合研发新工艺的机会，最终双方利润都受损。

（2）滥用锚定效应

锚定效应指人们易被初始信息（如极端报价）影响判断。采购方要求降价 25% 作为起点，会扭曲供应商对合理价格的认知，迫使其接受低于成本的订单（如偷工减料），最终导致质量纠纷和合作破裂。这符合囚徒困境模型——双方因缺乏信任选择损人利己策略，结果共同受损。

（3）忽视利益可见性

三维谈判模型要求区分表面立场（如必须降价）与底层利益（如车企需财报数据、供应商需现金流）。若只关注价格数字，可能设计出“季度降价 + 延长账期”条款，导致供应商资金链断裂，车企后续断供。

策略宝典

（1）绘制利益交换矩阵

列出双方显性需求（价格、账期）与隐性需求（技术升级、市场数据），通过匹配车企的“技术需求”与供应商的“资金需求”，可用联合研发替代压价，实现双赢。

（2）设置 BATNA 保险栓

根据最佳替代方案（BATNA）理论，谈判前需明确底线替代选项。

例如，若客户坚持降价 30%，供应商可回应：“接受此价格需将订单量从 1 万件增至 3 万件，并通过预付款覆盖成本。” 此举既守住利润底线，又给予对方台阶，避免谈判破裂。

（3）启动条件式让步

遵循让步策略中“绝不免费让步”原则，采用交换逻辑。例如：“如果您能预付 50% 货款，我们可以额外赠送设备延保服务。”“如果您愿共享销售数据，我们可以定制化开发新部件。” 每项让步都绑定对方回报，确保利益双向流动。

某建材供应商使用上述谈判法后，客户续约率从 63% 提升至 91%，合作项目平均利润提高 12%。

7.5 化解客户疑虑的定心丸

常见问题

问题一：客户反复质疑“质量真比竞品好吗”，无法打消顾虑。

问题二：明明提供了检测报告，客户还是说“我再考虑考虑”。

问题三：当客户搬出网络差评质问时，无法扭转负面印象。

奇案大观

保健床垫的信任崩塌记

2023 年春，某保健品牌旗舰店内，水晶吊灯将大理石地板照得锃亮。销售总监林美娟巡视着销售团队，指尖划过话术本：“记住，要强调远红外理疗功能，还有 SGS 和 CNAS 双认证。”她特意加重“认证”二字，仿佛这些印章能直接叩开信任之门。

退休教师陈阿姨攥着泛黄的 X 光片踏进店门时，销售员小张立刻迎上来，白大褂口袋里的检测报告边角微卷。“您这 L4—L5 椎间盘突出在中老年群体里很常见，”他调出平板电脑里的用户反馈，“您看这位李老师，使用三个月后复查显示腰椎曲度改善了 15%。”当陈阿姨摸到床垫里硬邦邦的弹簧时，小张指着展板上的结构剖面图：“这是独立袋装弹簧，经过 10 万次抗疲劳测试，我们有国家家具质检中心的检测报告。”

“去年 315 晚会好像曝光过类似产品……”话未说完，小张的笑容僵了一瞬，随即从文件夹里抽出一份声明：“那是个别经销商的违规行为，您看这是市场监管局的整改通报。”陈阿姨注意到他左手小指的婚戒有些磨损——和三天前陪女儿复访时看到的一样。

那天陈阿姨的女儿用手机扫描床垫包装上的二维码，跳出的企业信息页面显示认证机构为“中健联检测中心”。小张慌忙解释：“这是行业协会认证，您要是不信，我现在就联系厂家开视频连线。”陈阿姨却指着用户评价区里的一条留言：“这里说检测报告的甲醛含量超标，怎么回事？”小张的额头渗出细汗：“那是运输过程中包装材料的问题，我们已经更换了环保包装。”

更大的危机在赵总身上爆发。这位房地产商为员工福利订购了 20 张万元床垫，冲着宣传中的“三甲医院定制体检服务”而来。当他在合作机构看到简陋的体检设备时，当场要求查看合作协议。展柜玻璃被拍得震天响，媒体镜头里，质检员现场拆解床垫发现，所谓的“天然乳胶层”实际是合成橡胶，甲醛检测值为 $0.12mg/m^3$，刚好踩在国家标准的临界线上。

最让人心酸的是张大爷。他按照说明书每天使用 8 小时，三个月后带着未改善的腰腿痛来退货。客服指着合同里的小字：“产品功能为物理支撑，不承诺治疗效果。”老人颤抖着翻开笔记本，上面记满了使用期间的身体感受：“你们广告里说 90% 用户反馈有效，这是欺诈！”而当消协介入拆解床垫时发现，宣传中的“磁疗层”仅是普通橡胶片，根本没有磁性。

事件最终以品牌被罚款 2300 万元告终。林美娟站在闭店的橱窗前，看着自己曾精心设计的“信任体系”——认证证书、检测报告、用户合影，此刻都显得苍白无力。

案例探秘

（1）过度承诺引发认知失调

认知失调理论（费斯廷格提出）指出，当人们的行为与原有认知（如承诺）产生矛盾时，会产生心理不适。例如，若商家宣称产品“能治疾病”，但用户使用后无效，这种“承诺 vs 现实”的冲突会引发愤怒感，甚至导致用户通过否定商家（如投诉、差评）来缓解失调。

（2）防御性回应加剧怀疑

心理逆反效应指当人们感到自由被威胁（如被质疑时被攻击），会通过反向行为维护自主权。例如，商家反驳差评“你不懂科学”，反而让客户从“怀疑产品”升级为“怀疑商家人品”。

（3）信任凭证错配

信任阶梯模型要求分阶段建立信任：底层，可验证数据（如实时监测屏显示能耗）；中层，客户见证（带购买记录的短视频）；顶层，风险承诺（无效退货免运费）。若跳过底层直接伪造“权威认证”，如同没打地基就盖楼，信任链必然断裂。

策略宝典

（1）设计疑虑释放实验

利用行为承诺原理（用户参与小行动后会自我说服），让客户通过低成本体验验证效果。例如：保健品销售，让用户先免费试用 3 天并记录身体指标；汽车销售，邀请客户现场操作碰撞测试模拟器，直观感受安全性。

（2）启动三明治回应法

采用共情 + 事实 + 解决方案结构。共情：“您对效果不满意，换作我也会生气”（降低敌意）；事实：“这是第三方检测报告，显示 95% 用户 7 天见效”（客观证据）；方案：“我们为您安排一对一专家诊断，免费调整方案”（行动出口）。

（3）构建证据金字塔

底层：家电展示实时能耗屏，数据联网可查；中层：客户证言视频附带订单编号和购买日期；顶层：承诺“无效可退货，运费我们承担”。

某智能锁品牌运用上述方法后，客户疑虑咨询量下降 73%，复购率提升至 89%。

第八章　如何让客户忠诚不渝

从峰值体验到信任飞轮，本章以KANO模型锚定需求本质，情感地图编织温暖触点，敏捷定制沙盒打磨个性化方案，冰山反馈引擎驱动精准迭代，RFM模型调配忠诚燃料。通过科学配比惊喜阈值与隐私边界，让客户关系如陈年佳酿——既保持初遇时的新鲜悸动，又沉淀出岁月淬炼的醇厚依存。

8.1　超越客户期望的惊喜制造

常见问题

问题一：花大价钱准备的生日礼物，客户反而吐槽“你们侵犯隐私”。

问题二：惊喜服务变成各部门互相推诿的烂摊子。

问题三：小公司预算有限，无法制造惊喜。

奇案大观

五星级酒店的“定制惊喜”危机

2023 年深秋的傍晚，李薇在行政酒廊盯着平板电脑上黑钻会员张总的档案：37 条入住记录，21 次雪茄吧消费，三周前妻子林女士因花生过敏送医的备注格外醒目。实习生小周抱着文件夹凑近：“第 15 版方案还在改，餐饮部非要摆香槟塔，可张总上周刚摔碎过水晶杯。”她指尖划过“过敏源警示”，系统显示林女士最新过敏史已更新，采购清单却仍列着百合——上个月同事就因摆错花被投诉。

作为十年资深管家，李薇熟知这套数据系统的精密：空调温度、饮食偏好甚至浴袍使用次数都被转化为标签。张总的档案里，“商务型孤独”画像精准对应着离婚日期与总统套房预订的时间闭环——每次并购案收尾，他都会在行政酒廊待到凌晨，对着威士忌杯发愣。

生日当天下午，李薇检查 2808 套房：香薰机飘着张总偏爱的雪松味，定制投影幕布藏在水晶灯后。技术部称 AI 能自动匹配家庭合影，她却清楚所谓素材库不过是抓取社交账号公开照片，而张总朋友圈早已设为三天可见。

傍晚五点，张总提前返回房间。李薇在走廊调试窗帘时，耳麦传来前台惊呼：“他没带秘书，手里拿着律所信封！”套房门解锁瞬间，定制程序自动启动：窗帘闭合、投影降下，却误播了上周商务宴请的监控——镜头里，张总袖口的律师事务所标志格外刺眼。

“这是什么意思？”张总的声音结冰。技术工程师手忙脚乱插拔设备：“素材库误删家庭组，默认调用了商务影像……”话音未落，送餐电梯打开，甜品师捧着缀满榛子碎的蛋糕闯入——他没看见派工单角落的红色警示。

19:03，消防测试警报突响。原来是喷淋系统误启动，水流砸向星空投影。张总抱着电脑躲在浴室门口，看着定制地毯吸水变色，香槟塔倒塌，水晶碎片混着奶油在地面滑行。餐饮总监举着工作平板辩解，却被水流冲得踉跄。李薇想起培训金句“意外即惊喜”，此刻却只能看着秘书的手机镜头对准歪斜的霓虹牌——它的闪烁频率，竟与张总手环的心率同步。

客人投诉后，李薇被召进合规部。法务总监指出会员协议第17条不合规：数据采集范围包括消费习惯、健康状况、社交动态。她想起曾为了给作家客人惊喜，偷看过客房送餐记录等，现在这一切都像监控镜头的反光。

技术部曝光的真相更致命：电梯闲聊、健身房对话，甚至浴室咳嗽声都被转化为数据标签。当明星住客的“防偷拍窗帘需求次数”被计入消费等级时，酒店外墙广告正循环播放的“智能服务，懂你所需”，仍在暴雨中频繁闪烁。

三个月后，李薇在合规培训室签署保密协议。曾经的“惊喜案例”白板已换作《个人信息保护法》条款，云端档案变成加密代码。窗外新广告里，客服经理捧着皮质记录本微笑，本子上仍印着“消费行为分析手册”。

大堂里，礼宾王女士接过行李：“需要预订常去的瑜伽馆吗？”对方骤然绷紧肩膀：“你们还知道我以前的密码吗？”耳麦里传来主管的应急提示，小王的微笑僵在脸上，窗外的玻璃幕墙映着万家灯火，那些曾被奉为圭臬的“惊喜”，此刻都成了数据迷雾中的困兽。

案例探秘

（1）需求层级错乱

KANO模型将客户需求分为三个层次。基本型需求指必须满足的“底线”，如酒店床品清洁、房间安全。若不满足，客户会极度不满；满足了客户也不会特别满意，但这是“及格线”。期望型需求指客户明确想要的“加分项”，如延迟退房、高速Wi-Fi。满足越多，客户满意度越高。兴奋型需求指超出预期的“惊喜彩蛋”，如退房时赠送未拆封的充电器。这类需求不满足客户无感，但满足后会带来强烈好感。若将“兴奋型需求”（如隐私惊喜）置于“基本型需求”（住宿安全）之上，相当于给口渴的人喂辣椒酱——看似用心，实则本末倒置。

（2）峰值时刻错配

客户旅程地图是客户从预订到离店的完整体验路径，需识别关键接触点：黄金时刻：客户情绪高涨、无压力的节点（如入住时、早餐时段）；高压时刻：客户疲惫或焦虑的节点（如深夜入住、退房排队）。若在客户深夜疲惫时强行制造“灯光秀惊喜”，如同葬礼上放结婚进行曲——情感错位引发反感。

（3）成本收益倒挂

二八定律认为，20% 的高端客户贡献 80% 利润，但过度投入可能引发负面传播（如大客户特权引发普通客户不满）；长尾理论则认为大量普通客户的小额需求聚合后，可能带来更大收益。若只为 VIP 客户定制奢华服务，却忽视普通客户的基本体验，相当于用金盘子装毒药——高成本投入反而损害品牌口碑。

策略宝典

（1）绘制需求探测雷达

按 KANO 模型将客户需求分级，基本需求做扎实（如酒店床品清洁），期望需求做差异（延迟退房免手续费），兴奋需求做彩蛋（退房时赠送未开封的充电器）。例如，某酒店发现客户对隔音效果投诉率高（基本需求未达标），优先升级隔音门窗而非布置花哨装饰 。

（2）锁定黄金时刻

入住时：快速办理 + 冰镇饮品（消除疲惫）；早餐时段：提供当地特色小吃（触发愉悦记忆）；退房前：主动询问是否需要延迟服务（减轻焦虑）。例如，某度假酒店在客户入住时提供“5 分钟极速入住通道”，退房时赠送本地特产试吃包，将体验高峰设计在客户精力充沛的时段。

（3）启动蒲公英计划

广覆盖：为所有客户提供低成本高感知服务（如客房内免费手机支架）；精准裂变：鼓励客户分享“小惊喜”到社交平台（如赠送咖啡券时附赠分享文案）；长尾挖掘：通过数据分析发现小众需求（如商务客户需要临时打印机）。例如，某连锁酒店在每间客房放置“应急包”（含针线、创可贴），成本仅 3 元 / 间，但差评率下降 40%。

某连锁餐厅运用上述策略后，客户自发传播率提升 280%，季度利润增长 17%。

8.2 情感纽带的编织术

常见问题

问题一：每逢节日就群发祝福，被客户拉黑。

问题二：情感维护变成跪舔式服务。

问题三：初创企业资源有限，无法建立深度情感连接。

奇案大观

健身房的窒息式关怀

2023 年初春，某连锁健身房总部大厦 27 层的会议室里，区域经理李明正用激光笔圈住 PPT 上的红色预警数据：“客户月流失率突破 18%，续卡转化率跌至行业末位——我们的服务温度呢？”投影光打在“年度客户黏性提升计划”的横幅上，将“情感联结”四个大字的阴影，重重压在私教王磊的肩章上。

这个曾在省级健美比赛中斩获季军的 95 后教练，此刻正摩挲着新发放的智能手环终端。系统升级后，会员的运动数据、睡眠质量甚至生理期提醒都被接入工作台，屏幕右下角跳动的 KPI 公式像条吐信的毒蛇："情感互动频次 × 需求响应速度 ÷ 客均成本 = 客户终身价值"。

张女士第一次觉得被"看见"，是在取消私教课的那个雨天。她抱着一堆文件冲进写字楼时，王磊早已等在前台，保温盒里是按她体检报告定制的低 GI 餐食："您上周体测显示胰岛素抵抗，我查过您公司电梯间监控，每天爬三层楼梯就能激活糖原代谢。"玻璃幕墙映出她边啃鸡胸肉边做拉伸的模样，同事们的偷笑里藏着羡慕——直到这种"精准关怀"开始"入侵"生活。智能手环的震动在凌晨两点格外刺耳，李先生盯着"连续三日深睡眠不足 90 分钟"的弹窗，听着 AI 用温柔女声播报颈椎保健操。更让他脊背发凉的是，当他在晨会上揉按太阳穴时，王磊带着理疗师推门而入："您昨天在会议室久坐 4 小时 17 分钟，腰椎压力值突破预警线。"投影仪的冷光中，理疗师的精油瓶折射出无数个王磊的倒影，每个倒影都在微笑着翻开"客户健康报告"，里面夹着他半年前的体检报告复印件。

这种"数据关怀"无处不在。财务总监陈先生在商务宴请时收到"胆固醇超标客户专属降脂课程"推送，手机屏幕亮起的瞬间，对面客户的目光正落在他凸起的肚腩上；刘小姐带着朋友体验双人瑜伽时，动感单车房的大屏突然切换画面，她三个月前体测时的体脂数据在"为爱蜕变"的标语下闪烁，朋友指尖捏紧瑜伽砖的关节泛白。王磊的工作笔记第 47 页记着这样一段话："张女士母亲糖尿病住院——触发'家庭健康守护者'关怀套餐；李先生加班至凌晨——启动'职场盾牌'应急响应；刘小姐社交平台出现彩虹旗贴纸——新增'多元家庭关怀'标签。"这些用不同颜色标注的"情感钩子"，在总部的季度例会上被当作标杆案例投影在巨幕上，区域经理兴奋地敲击键盘："看，当我们比客户更懂他们的痛点，续卡率自然会说话！"

但算法终究算不到人心。台风登陆那晚，王磊冒雨送来的定制蛋白粉礼盒被张女士拒收，智能锁的电子屏反复显示"访客已离开"，他却蹲在消防通道用手机编辑消息："您先生上周在业主群提到您睡眠质量差，这款蛋白粉含褪黑素成分……”

停业整顿前的最后一个工作日，王磊忽然想起第一次见面时，张女士盯着他胸前的“服务之星”徽章说：“其实每周一句真诚的‘注意休息’，比精准计算体脂率更让人温暖。”

案例探秘

（1）越界式共情

自我决定理论（SDT）指出，人的心理需求包括自主权（自由选择）、胜任感（能力被认可）和归属感（被接纳）。当企业以“关怀”名义监控客户行为（如过度追踪用户数据、强制推送信息），相当于剥夺了客户的自主权。例如，某健身 App 每天推送“你今日运动量不足”的提醒，反而引发用户卸载行为。

（2）情绪价值超载

关系边界模型强调人际互动需保持适度距离，高频次的情感输出（如每天发送早安问候）会触发“情感勒索”。例如，保险销售员频繁询问客户家庭状况，导致客户感到隐私被侵犯。

（3）共情方向错位

未运用情感账户理论进行存取平衡，单方面倾倒自我感动式付出，实则破坏信任基础。例如，教育机构每天发送“孩子落后同龄人”的恐吓信息，会引起家长反感。

策略宝典

（1）绘制“情感需求地图”

基于马斯洛需求层次理论，将客户需求分层设计：生理 / 安全层（基础服务稳定性）；归属层（社群互动）；尊重层（个性化定制）；自我实现层（成就反馈）。例如，银行 App 在确保账户安全（安全需求）后，再提供理财成就勋章（尊重需求），而非频繁推送广告。

（2）实施“5:1 阳光法则”

借鉴心理学中的情感账户理论，每 5 次专业价值输出（如行业报告、解决方案）搭配 1 次轻量情感互动（如生日手写卡）。例如，房产顾问每月推送 4 次市场分析，第 5 次附赠“装修避坑指南”+ 手写祝福。避免“情感负债”，保持存取平衡。

（3）启动“微时刻播种计划”

运用峰终定律，在服务关键节点制造记忆点：峰值体验，如客户入住酒店时，主动升级房型并附手写天气提醒；终值记忆，离店时赠送本地小吃地图（解决“旅游攻略焦虑”）。这些低成本动作能显著提升客户复购率。

某高端家政公司运用上述方法后，客户年度续约率从 58% 跃升至 89%，服务溢价能力提升 25%。

8.3 定制化服务的限度

常见问题

问题一：投入巨资开发的定制系统，客户却说“这不是我要的”。

问题二：“千人千面”的服务变成成本黑洞。

问题三：当客户自己都不清楚需求时，无法引导其完成定制。

奇案大观

定制西装从“数据囚徒”回归“手工温暖”

2023 年仲夏，南京西路某高端定制品牌旗舰店的玻璃橱窗倒映着静安“千亿商圈”的霓虹光晕。全息投影仪在胡桃木墙面投射出“百年匠心，AI 赋能”的旋转标语。首席顾问小林推了推 AR 眼镜，将客户张总引向布满传感器的圆形扫描舱，舱内红外线如蛛网般展开：“请您自然站立三分钟，系统会通过肩颈肌肉动态数据确定领口贴合度。”

店铺临街的智能量体区正上演荒诞剧幕：某位啤酒肚男士刚踏入扫描区，

天花板智能摄像头立即联动 3D 建模系统，在虚拟试衣界面自动生成加放松量建议。系统提示音穿透展厅：“检测到体脂率 28%，已在腰腹区域预留 5 厘米活动松量！”这番场景与百米外老字号裁缝铺的沉浸式大秀形成鲜明对照——那边模特正穿着非遗盘扣西装穿行于万花筒光影，这边 AI 却在解构人体数据。

张总为出席达沃斯峰会填写的 32 项定制问卷，堪称数字时代的着装档案。从“日常办公坐姿习惯”到“商务握手常用力度”，当 3D 扫描仪精准捕捉到“右肩因长期挎包导致 15 度倾斜”时，小林的全息模型已在空中展开五根银色机械手指：“这套自适应垫肩内置记忆棉模块，会在您入座时自动贴合肩颈曲线！”

试衣间智能镜面的蓝光扫过张总面庞，他抬起右臂准备试穿样衣。“检测到日常抬臂频率，已在关节处预留活动量。”小林捧着平板激情解说，“系统匹配了 58 万亚洲商务人士的体型数据，您看这肩线参考了博鳌论坛嘉宾的平均肩宽比例！”此刻的张总却感觉被数据织成的网轻轻束缚，右臂以略带紧绷的姿态悬在半空。

AI 系统的智能服务逐渐滑向失控边缘。扫描到张总手机相册里的猎装图片后，系统在晚宴礼服的暗纹中融入微缩格纹元素：铜制纽扣保留经典造型，内衬暗袋巧妙设计成文件收纳格。当张总指着后腰处“LY”字母刺绣质问时，小林调出订单备注：“您在预约时提到太太名字缩写，我们采用可替换绣片设计——如需更换，售后部门可提供三次免费服务。”

三个月后的签约仪式上，身穿 AI 定制西装的张总与外商握手时，智能垫肩稳稳托住西装肩部线条。更巧妙的是 AI 设计的“动态平衡褶皱”——在他弯腰捡文件时，后腰面料自然展开隐藏的活动省道，既保持版型又不失优雅。

不久的行业论坛上，“智能定制的人性化边界”与“传统工艺的科技赋能”成为热议话题。品牌方的服务升级演变成行业思考。再后来，客户们陆续收到“深度定制体验券”，附带的不是数据衍生产品，而是资深裁缝的手写致歉信：“我们始终相信，最好的定制始于对面料的触摸与眼神的交流。”当记者再次探访时，发现智能扫描舱旁增设了传统量体台，小林正握着软尺为客户测量肩宽，AR 眼镜的透明镜片上，实时浮动着面料克重与剪裁角度的专业数据。

2024 年，该定制品牌在智能定制板块的盈利下滑 20%，品牌的手工定制线订单量却逆势增长 35%。新任设计总监穿着改良版智能量体服宣讲时，背后大屏幕弹出新标语：“让科技成为助手，让定制回归温度。”而曾经坚信“数据至上”的小林，如今常坐在面料陈列区，指尖摩挲着英国纯羊毛面料，眼前浮现的是客户试穿手工样衣时，那种自然舒展的肢体语言——那是任何算法都无法精准计算的人性化光辉。

案例探秘

（1）数据暴政取代人性洞察

滥用长尾理论，强调通过细分市场满足小众需求（如生产 100 种特殊尺码服装），但过度追求数据颗粒度会让客户感到“被算法操控”。霍夫斯泰德文化维度理论：其中的“不确定性规避”维度指出，高规避文化（如日本）的客户更注重稳定性和可预测性，过度数据定制会引发对未知风险的恐惧。如某服装品牌通过用户浏览记录推荐内衣尺寸，但未考虑部分客户对隐私的敏感性，反而触发“被监视”的不适感。

（2）需求解读机械化

KANO 模型将客户需求分为必备属性（如服装耐用性）、期望属性（如款式多样性）、魅力属性（如个性化刺绣）。若将魅力属性（惊喜）强行定义为必备属性（如强制客户接受智能温控面料），会导致需求与供给错配。如某品牌将“元宇宙虚拟试衣”作为基础服务，但中老年客户更需要直观的线下试穿体验。

（3）模糊服务边界

客户主权边界模型：客户对隐私（如身体数据）、决策权（如退换货自由）有明确心理防线。若定制服务涉及敏感信息（如通过智能服装收集健康数据），会触发“核弹级反弹”。如某品牌要求客户上传全身照片以“优化推荐”，但未说明数据用途，导致信任破裂。

策略宝典

（1）构建需求三角分层

基础需求（尺寸合身）：通过标准化测量工具（如AI试衣镜）解决刚需；显性需求（场合适配）：根据职业场景（商务 / 休闲）提供搭配方案；隐性需求（心理认同）：针对文化差异设计符号（如中国客户偏好吉祥纹样）。

（2）启动敏捷定制沙盒

MVP（最小可行性产品）：先提供基础模块（如3款基础版型）；三次迭代：根据反馈逐步升级（①颜色调整 → ②面料升级 → ③文化元素植入）；动态验证：用A/B测试区分真实需求与伪需求。

（3）实施动态价值锚点

超预期投入关键点：在高价值环节（如面料触感）使用稀缺资源（丝绸羊绒混纺）；标准化非核心环节：包装盒、物流等采用统一方案降低成本；隐私保护设计：数据收集遵循“最小必要原则”（如仅测量肩宽 / 腰围）。

某高端旅行社运用上述方法后，定制服务利润率提升至48%，客户主动提供需求信息的意愿增长3倍。

8.4 客户反馈的改进引擎

奇案大观

问题一：收集了上万条客户意见，产品改进却总是隔靴搔痒。

问题二：反馈系统沦为形式主义填表游戏。

问题三：当客户抱怨“说了也白说”时，无法重建信任闭环。

奇案大观

智能水杯的“数据失聪”迷局

2023 年深秋，深圳湾科技园的玻璃幕墙在暮色中流转着冷光，灵犀智能水杯的巨幅广告正将霓虹泼洒在往来行人的肩头。杯体轮廓被勾勒成流动的金属线条，上方“比你更懂你”的猩红标语像道永不愈合的伤口，在渐浓的夜色里灼灼发烫。产品经理陈昊站在路演舞台中央，西装袖口的微型传感器正将他的肾上腺素波动转化为投影幕布上的心跳曲线——这是他耗时半年打造的“人机共生”演示环节，23 项生理数据指标在全息界面织成精密的数字之网，仿佛只要触碰到这些闪烁的光点，就能抓住未来生活的密码。

首批用户王女士在拆开鎏金包装盒时，指尖划过盒盖内侧的磁吸式充电线，冰凉的钛合金杯体在掌心压出淡淡的金属印记。当杯柄的呼吸灯以渐变蓝扫过手机蓝牙界面完成配对时，她忍不住对着说明书上“23 颗微型芯片构建健康生态”的字样眨了眨眼。第一次接热水时，杯底传感器的震动频率恰好贴合她虎口的纹路：“检测到水温 52℃，高于食道耐受安全值 0.3℃，建议 3 分钟后饮用。”甜美的机械女声从杯体顶端的微孔中溢出，像个贴心的电子管家，却让她在举杯时莫名想起医院体检时冰冷的检测仪。

真正的困扰在两周后悄然生根。某个加班到凌晨的夜晚，她习惯性将隔夜水倒入洗手池，手机突然在桌面震动不停，App 推送的红色警示框里写着“检测到 6 小时未更换水源，细菌滋生风险提升 47%”，下方紧跟着“立即购买紫外线清洗滤芯（限时折扣 19 元）”的浮动窗口。

陈昊团队的“倾听 2.0”计划在用户投诉量突破 10 万次时仓促上线，却在第一天就沦为数据灾难。新部署的 AI 客服，在处理“水温显示异常”的投诉时，反复将用户引导至“请检查 Wi-Fi 信号”页面，直到某个用户在论坛晒出长达 10 分钟的客服对话截图，其中 AI 用毫无感情的机械音重复着：“您的设备已连接至云端，请等待系统重启”，而背景音里分明传来客服中心此起彼伏的键盘敲击声。

程序员小刘在论坛曝光的，是某批次产品未经用户同意上传饮水频率数据的异常日志。这些数据异常最终引发监管介入，成为智能硬件行业数据合规的典型案例。最后系统不得不通过 App 向用户推送隐私条款更新通知，明确标注数据使用范围。

在公司的问题分析会上，陈昊的智能腕表仍在记录他的心率：“我们采集了 1.2 亿条使用数据，却没读懂用户对‘被过度关注’的抵触。”他身后的大屏幕播放着用户采访片段：有人吐槽“连喝冰水都要被教育”，有人展示贴满杯体的物理贴纸——用来遮挡持续闪烁的监测灯光。最具讽刺意味的是，某用户在二手平台挂出的“去智能版”水杯，杯身缠满绝缘胶带，商品描述写着：“终于能安静喝口水了”。

案例探秘

（1）形式主义采集

PDCA 循环（Plan-Do-Check-Act）是质量管理的核心方法，包含四个阶段：Plan（计划）：制定目标和方案；Do（执行）：实施计划；Check（检查）：评估结果；Act（处理）：优化并标准化成功经验。若只停留在“收集数据”（Plan 阶段）而不推进到“行动改进”（Do 阶段），短期看似有成果，长期导致资源枯竭。例如，某企业每月收集客户意见却从不改进产品，最终客户流失。

（2）认知盲区恶果

未运用乔哈里视窗识别“共识区”与“未知区”，把用户表面诉求当真理，忽略冰山下的真实需求。例如，用户抱怨“手机卡顿”，真实需求可能是“存储空间不足”，但企业误判为“需升级处理器”。

（3）反馈过载反噬

信息过载理论指出，当信息量超过人脑处理能力时，会导致决策瘫痪。例如，向用户推送 100 个改进选项，反而让其“选择困难”而放弃反馈。这种现象常见于问卷设计——选项过多时，用户随意勾选或中途退出。

策略宝典

（1）构建反馈冰山模型

用 5WHY 分析法深挖表层问题：用户投诉：“App 闪退”→ Why1：内存占用过高→ Why2：后台冗余功能过多→ Why3：产品经理为追求功能全面性牺牲性能。

根本需求：用户需要“轻量流畅的核心功能”，而非花哨附加功能。此方法可穿透表象，触达冰山下的真实需求。

（2）启动敏捷反馈环

按周为单位实施四步循环：收集：定向采集用户反馈（如聚焦投诉率最高的 3 个问题）；分级：用 KANO 模型区分需求优先级（基本需求优先）；试点：小范围验证解决方案（如针对 10% 用户测试）；验证：通过数据对比（如试点组投诉率下降 20% 后全面推广）。这种“短周期 + 小步快跑”模式符合 PDCA 的持续改进逻辑。

（3）实施价值权重投票

结合 KANO 模型设计优先级筛选机制来分类需求。基本型需求（不做会生气）：如“支付功能稳定”；期望型需求（做了会开心）：如“会员专属客服”；兴奋型需求（不做无感，做了惊喜）：如“生日礼物盲盒”。让用户打分：提供 5 个选项，要求用户对“最不能忍的问题”和“最期待的改进”投票；聚焦 TOP3：仅开发得票率超 70% 的需求，避免资源分散。这种“减法策略”符合认知负荷理论中的“少即是多”原则。

某新能源汽车品牌运用上述策略后，客户参与改进的积极性提升 300%，产品迭代准确率提高 68%。

8.5 提升客户忠诚度的奖励魔法

常见问题

问题一：花重金设计的会员积分系统，客户却说“不如直接打折”。

问题二：奖励机制变成“养不熟的白眼狼”——客户领完福利就流失。

问题三：中小商户资源有限，不能打造高感知的奖励体系。

奇案大观

超市的积分陷阱

2023 年仲夏，某生鲜超市总部的会议室里，运营总监周敏正盯着屏幕上的会员流失数据眉头紧锁。“设立消费满赠的互动装置，中奖率控制在 5%，再搭配积分翻倍活动。”她指着 PPT 上的促销方案，手腕上的智能手表突然震动——这是系统设置的压力预警，提醒她上周刚因为过度促销被市场监管局约谈。

巨型会员装置落地当日，银色机身贴着“消费满 88 元抽奖”的红色横幅，投币口旁的电子屏循环播放着“积分当钱花，100 分抵 5 元”的规则。家庭主妇王阿姨攥着三张购物小票排在队尾，她计算过：买够 264 元能抽三次奖，刚好凑够兑换食用油的 1500 积分。当透明扭蛋滚出“满 100 减 10 元”优惠券时，旁边穿西装的大爷嘟囔着：“还不如直接打折实在。”

程序员小李的发现源于帮母亲整理积分。他在超市 App 后端看到，所谓“神秘大奖”的中奖代码其实从未被激活，而“谢谢参与”的概率被偷偷调到 95%。这个发现让他想起上周母亲为了凑积分，硬是买了两箱临期牛奶。他试着用脚本模拟消费，结果账号瞬间被冻结，客服回复：“检测到异常积分获取行为，请前往门店解锁。”

圣诞促销季的混乱始于积分规则突变。周敏为清库存临时修改规则，原本 100 分抵 5 元变成“满 2000 分可抽奖”，奖池里的食用油换成了临期的保健品。58 岁的张大爷对着收银台张贴的新公告眯起眼，他攒了三个月的 1800 积分突然成了无效数据，而货架上的促销标签还标着“会员积分可叠加使用”。更让他气愤的是，客服中心反复播放的录音是：“积分规则最终解释权归超市所有。”

真正的危机在春节前爆发。王阿姨推着满车年货去兑奖，却发现奖品变成了“线上商城优惠券”，使用门槛是满 500 元。“我一个月买菜才花 300 元！”她的怒吼引来了其他顾客，有人翻出手机里积灰的几百张电子券，有人展示过期的会员日折扣码——这些曾经诱人的“奖励”，如今都成了手机相册里的“废纸”。

系统崩溃当夜，周敏在监控里看到愤怒的顾客围在会员装置旁。有人用积分兑换记录打印成“耻辱榜单”贴在机身，有人把过期优惠券折成纸飞机扔向电子屏。最刺眼的是某位中学生用马克笔写的标语：“数学不好连菜都买不起”——这正是对她精心设计的复杂积分公式的反讽。

三个月后，周敏带着全新方案重返会议室。会员装置被撤换成透明积分墙，每消费 1 元就点亮一颗星星，100 颗星星可直接兑换现金券。新上线的“会员日”活动里，老顾客能提前 2 小时选购特价商品，积分还能兑换免费送货服务。当王阿姨第一次用积分抵现买到食用油时，对着收银台的积分明细单笑了：“这次总算没白攒。”

那台闲置的会员装置如今放在超市入口当装饰，玻璃罩里陈列着各种旧版优惠券，旁边的电子屏滚动播放着实时积分变动。程序员小李帮母亲绑定了新的积分系统，发现这次的中奖率公示在 App 首页，而“谢谢参与”的奖品变成了实用的购物袋。最让他意外的是，超市给连续三个月消费的老顾客发了“忠诚礼包”——不是虚拟奖励，而是实实在在的鸡蛋和大米。

案例探秘

（1）期望值管理崩塌

心理学家弗鲁姆提出，人的积极性取决于三个因素——期望值（是否相信自己能成功）、工具性（努力能否转化为明确奖励）、效价（奖励是否有吸引力）。公司设置的发奖规则违背了上述理论，将工具性（努力与奖励关联）异化为玄学。

（2）边际效用失控

诺贝尔经济学奖得主塞勒发现，人们会把钱分到不同“心理账户”：生活必需账户（买菜钱）；情感维系账户（请客吃饭）；意外惊喜账户（中彩票奖金）。上述公司违背了此理论，好比用特斯拉吊起胃口却用虾干兑现。

（3）社交货币贬值

游戏化设计原理的理论核心是：通过游戏机制（积分、徽章、排行榜）激发参与感，但需保持自主权（自愿选择任务）、渐进性（难度阶梯式上升）、即时反馈（完成即得奖励）。上述案例将奖励兑换变成情感勒索，导致客户产生被羞辱感。

策略宝典

（1）搭建 RFM- 温度计模型

结合 RFM 模型（客户价值分层）与情感账户理论，动态校准奖励透明度。高价值客户（近 30 天消费 3 次 +）：每月 1 日推送专属权益清单（如“消费满 5000 元解锁私人旅行顾问”）；沉睡客户（180 天无互动）：触发“唤醒里程碑”——完成简单任务（如签到 3 天）即可解锁限时福利（如 8 折券），用“低门槛 + 确定性”重建工具性关联。

（2）启动随机惊喜协议

基于峰终定律设计非预期激励节点。峰值时刻：用户在深夜完成一笔高价订单后，触发“神秘礼盒”（如限量周边 + 手写感谢卡）；终值记忆：年度消费收官时，对复购率 TOP10% 客户赠送“记忆盲盒”（如旅行明信片 + 老照片复刻），强化“被重视”体验。规则应遵循惊喜奖励价值≤常规奖励的 30%，避免稀释心理账户价值。

（3）设计成就里程碑

构建任务阶梯，简单级：每日签到得 10 积分（可兑换虚拟徽章），满足即时反馈；挑战级：月度消费满 5000 元解锁“定制礼遇”（如 VIP 专线客服），需努力但可预期；史诗级：年度贡献值 TOP1% 获“共创资格”（如产品内测权 +CEO 午餐会），赋予稀缺荣誉感。关键点在于每级任务需提供“进度可视化仪表盘”，避免目标模糊引发的焦虑。

某生鲜平台采用上述策略后，客户生命周期价值提升 2.3 倍，年度留存率达 76%。

第九章　如何让销售团队火力全开

从人才炼金到动力觉醒，本章以三维胜任罗盘锻造钢铁之师，OGSM 金字塔构建动态目标导航，ERG 需求光谱激发多元燃料，看板管理重构沟通生态，战略地图平衡仪校准成长轨迹。通过科学配比人性温度与数字精度，让销售团队如同永动机——既有制度齿轮的精密咬合，又有血肉之躯的澎湃动能，在商业战场上演化出攻守兼备的生命体。

9.1　选拔与培训如何点石成金

常见问题

问题一：高薪挖来的销售冠军在新团队却业绩垫底。

问题二：新人培训沦为“三天背话术，七天忘光光”的无效投入。

问题三：销售抱怨“培训都是纸上谈兵”，不能实战。

奇案大观

AI 面试官眼里的“完美人才”

2023 年，教育科技行业的“人才军备竞赛”正演变为数据崇拜的狂欢。某在线教育公司斥资千万打造的“点金石”AI 招聘系统，宣称能通过视频面试微表情分析、通话录音语义建模等 127 项数据指标，精准预测销售潜力。CEO 赵天阳在发布会上挥舞着激光笔：“我们的算法，比资深销售总监多洞察 300% 的隐藏特质！”

系统首轮筛选就展现出魔幻现实主义特质。海归硕士陈默在模拟高校推广场景中，因“微笑时苹果肌运动幅度比均值低 0.8 毫米”被判定“亲和力不足”；而中专毕业的张小虎，凭借面试时“每分钟手势频次 18 次”的“强势表达”数据，被系统标红为“TOP 级狼性人才”。更夸张的是，曾在某大厂创下百万业绩的李娜，因简历中“离职间隔 23 天”的空白期，被自动归入“稳定性风险组”。

新人培训室成了数据复制品工厂。128 小时的“冠军话术拆解课”，本质是让学员对着屏幕模仿销冠王强的通话录音——从“您好”的尾音长度到“优惠倒计时”的皱眉频率，都被 AI 拆解成 37 个标准动作。张小虎对着镜子练习第 83 遍“拍肩动作 45 度角”时，突然发现自己已经记不清产品核心卖点。

现实战场迅速暴露数据泡沫。当张小虎带着“狼性销售模板”敲开某个潜在客户的家，面对戴老花镜的学生爷爷奶奶时，机械重复的“竞品碾压式对比”让对方频频看表。直到他情急之下蹦出自己理解的“重点”：“您看隔壁孩子买我们课程，成绩涨了 15%！

真正的灾难发生在季度复盘。被系统淘汰的陈默，在竞品公司用“家长教育焦虑疏导＋课程个性化方案”组合拳，三个月签下区域代理大单。而本公司力捧的“数据冠军”们，要么在客户投诉中暴露“过度承诺”后遗症，要么在续费谈判时因不懂灵活变通被客户拉黑。赵天阳看着CRM系统里47%的客户流失率，突然想起李娜离职前的警告：“您的算法能算出微笑弧度，算不出家长接孩子时的眼神温度。”

回炉培训演变成人机对抗。系统将失败案例拆解成23个“致命数据漏洞”，要求销售每天上传30段微信沟通语音，AI会逐字标注“情感投入度”“需求捕捉延迟”。销冠王强因在语音中说了句“理解您的顾虑”（系统判定“缺乏推进力度”），当月奖金被扣20%。这种窒息式监控最终引发严重后果：12名核心销售带着手写的“客户真实需求笔记”集体离职，其中竟记录着37个系统从未抓取过的关键痛点——比如“家长更在意老师回复微信的速度，而非话术里的排比句”。

面对困境，“点金石”系统给出终极解决方案：“建议转型老年保健品销售，模型显示60岁以上人群对标准化话术接受度高3倍。

案例探秘

（1）胜任力模型失真

麦克利兰冰山模型指出，人的能力分为两部分：看得见的部分（20%），看不见的部分（80%）。上述案例滥用麦克利兰冰山模型，只关注水面上的“技能冰峰”（如话术背诵、仪表规范），却忽视水下80%的“隐性冰山”（同理心、应变力、抗压性）。

（2）场景移植暴力

行为锚定法的理论核心要求在制定工作标准时，要明确“什么样的行为是好的，什么样的行为是不合格的”，而不是单纯用数字要求。例如要求销售每天必须打50通电话、用固定话术提问3次。

（3）反激励陷阱

德西效应指出，过度依赖外部奖励（比如奖金、惩罚）会让人失去内在动力。如果员工只为了钱工作，一旦奖励减少，积极性就会下降。上述案例用算法监控摧毁内在驱动力，把销售变成提线木偶，最终触发“去人性化”反噬。

策略宝典

（1）构建“三维胜任罗盘”

参照冰山模型设计立体评估。岗位说明书（水面）：明确基础技能（如产品知识、流程规范）；高绩效行为事件访谈（BEI）（水下中层）：挖掘顶尖销售的实战智慧（如客户突发质疑时的应对策略）；客户评价（水下深层）：收集客户反馈中的隐性特质（如“这位销售总能听懂我的潜台词”）。

（2）启动战训合一熔炉

721 学习法则指出：成人学习的有效方式，70% 靠实际工作积累经验，20% 靠他人反馈和指导，10% 靠听课或看书。采用 721 学习法则，包括活水挑战赛：每周抽签真实客户案例（如难缠投诉、突发砍价），销售现场模拟应对，评委团由高管和客户组成；战术复盘会：用“狙击手式反馈”——先复现战斗场景（“你当时为什么选择让步”），再给精准建议（“下次可试探客户预算上限”）；混沌训练：故意在演练中插入干扰项（如模拟信号中断、客户临时带律师参会），锻炼应变力。

（3）设计双通道成长树

GAPS 模型指出，帮助员工成长有四个步骤。目标：明确员工想达到什么；现状：分析员工当前能力差距；路径：制定学习计划；支持：提供资源。基于 GAPS 模型开辟两类路径，即业务型：为“关系构建者”设计阶梯——客户经理→区域总监→事业部合伙人，考核客户续约率、转介绍率；专家型：为“技术顾问”设计通道——产品专员→解决方案架构师→行业智库，考核知识库贡献度、培训带教成果。支持系统则为每月提供“成长能量包”（如500元学习基金+1天带薪研究日），让销售自主选择提升方向。

某企业采用上述策略后，销售团队年度人效提升210%，核心人才流失率降至8%。

9.2 销售目标需要导航仪

常见问题

问题一：层层分解的销售目标，最终变成“数字接龙游戏”。

问题二：目标压力演变成“数据造假、寅吃卯粮”的恶性循环。

问题三：当市场环境突变时，目标体系不具备“自动驾驶”的纠偏能力。

奇案大观

健身器材商的“登月计划”

2023 年，健身器材行业的“目标狂飙”在某企业的年度战略会上达到顶点。CEO 杨峰对着全息投影中的 25 亿销售额目标挥舞拳头：“每个销售都是攀登者，我们的征途是健身行业的珠穆朗玛！”为落实目标，公司给全国销售配备了智能手环——实时追踪客户拜访时长、通话频次等 18 项“战斗指标”，后台数据看板用红色预警线标注着“未达标区域即将启动火山喷发模式”。

华东区总监周凯将目标拆解成精密的齿轮：每位销售每月必须签约15家新健身房，其中深蹲机单店进货量不得低于20台。在这种机械传动下，销售小林开发出凌晨扫楼战术：每天六点守在写字楼电梯口，给穿西装的上班族递“办公室健身革命”传单，被保安驱赶时仍不死心：“您工位抽屉缺台筋膜枪放松肌肉啊！”

系统的智能选址功能在数据过载中走向偏执。当算法误将养老院列为“银发健身新蓝海”，新人王芳连续三周向护理员推销商用跑步机：“大爷坐轮椅也能练核心力量，这款扶手带心率监测！”直到收到院长投诉信，她才发现系统抓取的高消费力数据，不过是养老院每月批量采购助行器的记录。

真正的危机始于“死亡冲刺曲线”的生成。CRM系统根据过往三年增长惯性，要求业绩每周递增12%，销冠老赵盯着飙升的任务量，悄悄说服经销商提前囤货：“先打款算本月业绩，下个月降价我补差价。”这种寅吃卯粮的游戏在第三个月崩盘——某连锁健身房退货时发现，器材编号竟和三个月前卖出的完全一致，原来经销商为应付任务，只是把货在仓库之间倒腾。

库存积压如山时，杨峰的“月球救援计划”露出獠牙：要求每位员工认购3万元产品作为“目标共担金”，美其名曰“与公司共赴星辰大海”。抗议声最先从华北区爆发，销售们晒出工资条：扣除认购款后，到手工资不足当地最低工资标准。更可气的是，智能手环突然开始推送洗脑语音：“目标是刻在基因里的肌肉记忆！”——这是IT部门连夜更新的“精神激励模块”。

当工商局接到经销商集体举报介入调查，后台数据暴露出触目惊心的造假链：某区域连续三个月的“爆款椭圆机”销量，实则是把样品机在不同客户间循环拍照；客服记录里，设备故障投诉被批量改写为“用户体验升级反馈”。最具讽刺意味的是，杨峰在破产清算会议上，仍指着手环数据狡辩：“我们的客户触达率提升了400%，只是转化率算法需要优化……”

尘埃落定后，那批曾被视作“目标图腾”的智能手环，在二手市场以 20 元均价贱卖。买家发现，设备默认开机画面还是那句口号：“你的极限，由目标定义！”而真正定义这场闹剧的，是仓库里堆积的全新跑步机——它们的显示屏永远停留在出厂设置，说明这家企业从未真正触达过市场的真实需求。

案例探秘

（1）目标悬浮症

SMART 原则要求目标必须具体、可衡量、可实现、相关性、有时限，如果制定“三年内市场份额翻三倍”这类宏大目标，却无具体执行步骤，如同让渔民在鱼塘里钓航空母舰——毫无可能。

（2）数据暴力

彼得原理指出“人会被晋升到无法胜任的岗位”，若强行用线性增长模型（如“每月业绩必须环比增长 10%”）压迫团队，会触发道德风险。例如要求销售“连续 12 个月增长”，最终导致员工刷单、虚报数据。

（3）系统自闭症

权变理论强调“管理方法需随环境变化调整”。若用固定算法应对动态市场（如全年用同一套促销策略），如同船长用生锈罗盘导航暴风雨——工具失效却拒绝修正。

策略宝典

（1）搭建 OGSM 目标金字塔

目标（Objective）：明确终极方向（如“提升客户复购率”）；策略（Goals）：拆解为可执行阶段（如“三个月内上线会员积分系统”）；举措（Strategies）：制定具体动作（如“每周分析 TOP10 流失客户原因”）；

度量（Measures）：设定量化指标（如“复购率每月提升 2%”）。效果：目标实现率提升 40%，团队执行力可视化。

（2）设计销售漏斗校准器

销售漏斗校准器是优化销售流程、提升转化效率的工具，通过数据校准与策略迭代实现精准增效。它首先明确缩短成交周期的核心目标，分阶段完成数据清洗、高流失环节优化及实时监控看板搭建；每日追踪客户行为、每周测试话术策略、每月复盘更新基准，最终实现漏斗转化率提升 15%，平均成交周期压缩至 7 天内，销售目标达成率提高 35%，让团队执行力与漏斗健康度全面可视化。

（3）启动情景规划沙盘

结合 SWOT+STEEP 分析法预判风险。SWOT：分析内部优势（如供应链稳定）、劣势（如线上渠道弱）、机会（如健康消费兴起）、威胁（如物流中断）；STEEP：扫描社会环境（Social）、技术趋势（Technological）、经济波动（Economic）政策变化（Environmental）、法律法规（Political）；预案库：针对“原材料涨价”等场景，预设 3 套应急方案（如转线上直播清库存、启用备用供应商）。

某快消品企业应用上述策略后，目标偏差率从 38% 降至 7%，市场响应速度提升 3 倍。

9.3 多元化激励的动力源泉

常见问题

问题一：高额奖金让销售团队陷入躺平式内卷。

问题二：“一刀切”的激励方案变成“有人撑死，有人饿晕”的失衡天平。

问题三：当 00 后销售说“钱给够也不加班”时，无法重构激励生态。

奇案大观

火锅底料公司的激励大溃败

2024 年，某火锅底料企业的销售会议室里，董事长牛振天正在全息屏幕前激情宣讲：“我们要打造火锅界的‘激励乌托邦’！”这套耗资千万的“辣味动力系统”，将每位销售的签单额转化为“辣度积分”，宣称可兑换从特斯拉使用权到哈佛商业课程的“全维度奖励”，甚至包括“年度销冠专属私人厨师”——但没人注意到，积分算法里藏着“临期产品清仓双倍积分”

的隐藏规则。

销冠老周很快发现了系统漏洞。他与郊区火锅店达成“默契合作”：每月将50箱临期底料“买”进仓库，次月以质量问题原价退回，凭借这套“积分永动机”，他连续三个月霸榜积分榜首，成功兑换了三亚豪华游。而库房里堆积的退货物资，最终被稀释成动物饲料——直到某养猪场老板投诉“猪吃了火锅底料后拒绝进食”，质检报告才揭穿这场积分游戏的荒诞。

新人小林的困境则折射出激励失衡的残酷。为兑换偶像演唱会门票（需10万积分），他给仅有5张餐桌的社区火锅店开出“30箱底料起订”的霸王条款：“您囤着慢慢卖，积分够了我送您定制火锅桌！”当店主对着满屋红通通的包装箱欲哭无泪时，小林正戴着积分兑换的降噪耳机，沉浸在偶像的歌声里，全然不知客户已将投诉电话打到了总部。

真正的冲突在00后员工小陈身上爆发。这个拒绝“996”的年轻人，宁愿放弃月度奖金也要准时下班，却在季度考核时发现，因“客户拜访时长不达标”，系统自动冻结了他的弹性考勤特权——这是他当初选择这家公司的唯一理由。“钱可以少拿，尊严不能打折。”小陈在员工论坛的留言引发共鸣，评论区堆满了“积分换不来睡眠”“火锅底料熬不出青春”的扎心回复。

面对失控的激励生态，牛振天推出“冰火两重天”升级版：积分排名后10%的员工，必须佩戴印有“待辣醒”字样的工牌上班。销冠李姐因休产假导致业绩下滑，竟在复工首日收到“积分腰斩”通知，附带的“暖心提示”写着：“建议让宝宝从小接触火锅文化，开拓母婴火锅新赛道。”这种将生育与业绩捆绑的操作，彻底点燃了员工的怒火。

系统崩溃的前夜，出现了魔幻的一幕：为冲刺年度积分，某区域团队集体购买竞品底料进行调包式销售。而积分借贷功能的开放，让销售小王陷入积分高利贷——他预支半年积分兑换的管理层培训，不过是牛振天的自传《辣出一片天》签售会门票，而每月扣除的利息积分，让他的实际收入比实习生还低。

三个月后，当牛振天在直播间叫卖“失败CEO励志火锅底料”时，曾经的“辣味动力系统”已沦为行业笑柄。二手市场上，积分兑换的“定制火锅桌”以一折甩卖，桌角还贴着“积分永流传”的尴尬标语。而那家曾被小林逼到墙角的社区火锅店，如今成了销售们的“心灵驿站”——老板发明的“佛系火锅积分”，吃满 10 次送一次免单，没有复杂规则，只有烟火气里的真诚。

在员工匿名信中，有人写下：“我们不需要数字枷锁，只想要一口能暖心的热汤。”这句话，像一记重锤，敲碎了所有企图用技术神话替代人性关怀的幻想。

案例探秘

（1）需求错配

违背马斯洛需求层次理论，对高需求层次员工（如追求成就感的资深员工）只用物质奖励（如加薪），如同让健身爱好者天天吃蛋糕——短期满足但损害长期动力。

（2）价值扭曲

操作性条件反射指通过奖励强化特定行为。若只奖励短期结果（如销售额），忽略过程合规性，会导致员工不择手段达成目标。例如为冲业绩欺骗客户，如同教练奖励进球但默许球员犯规。

（3）代际冲突

Z 世代（1995 年后出生）重视工作意义、灵活自由、即时反馈。对他们若用传统管理方式（如严格考勤、单向指令），如同给电动车加柴油——动力系统完全不兼容。

策略宝典

（1）绘制需求光谱地图

使用 ERG 理论分层了解需求。生存需求：保障基础薪资、五险一金；

关系需求：组建兴趣小组、定期团队活动；成长需求：提供内部创业机会、外部进修名额。性格测试辅助：使用MBTI或DISC测试，识别员工偏好（如“成就型”匹配挑战性任务，“社交型”匹配客户对接岗）。

（2）搭建积分弹性体系

积分银行机制：每笔合规订单赚取积分（如10分）；违规行为扣积分（如虚假承诺扣20分）。

采用积分弹性兑换制。休假时长：100分兑换1天带薪假；技能课程：200分兑换行业认证培训；公益捐赠：50分兑换公司向山区小学捐一本书。

（3）启动双轨制晋升引擎

管理通道：适合领导力突出者，晋升路径为主管→经理→总监，考核团队业绩、跨部门协作。专家通道：适合技术深耕者，晋升路径为初级工程师→资深专家→首席科学家，考核专利产出、行业影响力。混合支持：允许员工每两年申请一次通道切换，并提供项目孵化基金支持自主创新。

某快消企业应用上述策略后，人效提升130%，95后销售留存率翻倍。

9.4 团队沟通的润滑剂

常见问题

问题一：重要信息在团队传递中总像传话游戏，越传越离谱。

问题二：晨会成为“领导训话 + 员工麻木”的无效仪式。

问题三：当 Z 世代员工吐槽“开会不如刷弹幕”时，不能重构沟通场景。

奇案大观

智能沟通系统引发的灾难

2025 年，某新能源车企的会议室里，CEO 陈天骄正在展示新部署的智能沟通系统：通过语音情绪识别 + 关键词云同步，让每个声音都被精准捕捉！这套价值 500 万的系统要求全员佩戴智能耳麦，晨会时自动生成沟通效率热力图，红色区域代表“无效发言”，绿色光点则是“高价值输出”——只是没人想到，这会成为团队沟通的“灾难引擎”。

销售总监老陆的社死现场始于一次私下吐槽。当他在茶水间对同事嘀咕“这个月 KPI 根本完不成”，耳麦的情绪传感器立刻将这段话标记为“消极能量”，并自动同步到全公司的共享文档，标题赫然是《销售部核心管理层信心崩塌预警》。老陆对着满屏的“请解释”弹窗欲哭无泪，而系统已贴心地为他生成了正能量发言稿模板，里面充斥着“弯道超车”“向阳而生”等热词。

技术部小王的尴尬更具黑色幽默。他在对接市场部时频繁提到“用户痛点”，实际是想约前台小李吃饭，系统却将聊天记录里的“痛点”“精准触达”等词抓取，自动生成《用户需求分析报告》，甚至在周会上重点展示：“建议在车机系统增加‘情感陪伴’功能，匹配度 87%。”当小王看着自己和小李的聊天截图被投在屏幕上，恨不得钻进地缝。

真正的沟通灾难从“低效发言过滤”功能开始。销售经理张姐在例会上汇报“经销商库存积压 30%”，话音未落，耳麦里传来机械女声：“检测到负面关键词，已替换为积极表述。”大屏幕上的文字瞬间变成“渠道库存优化空间达 30%，建议加大促销力度”。几次之后，员工们发现只要在发言前加上“在领导的英明指导下”，任何问题都能通过审核，晨会逐渐沦为吹捧大赛。

Z 世代员工小陈的反抗颇具后现代色彩。他在系统里创建弹幕沟通群，用“666”“裂开了”等网络用语汇报工作，却被管理员判定为“沟通不规范”，耳麦自动播放《员工手册》朗读版。愤而离职前，他在内部论坛留下“沟通不是扫二维码，人心不是条形码”的留言，引发 300 多条“已读不回”的系统提示。

跨部门协作的荒诞在“智能翻译”模块达到顶峰。市场部提交的“海豚音警示系统”方案，被 AI 自动拆解成“海洋生物 + 声波技术”，研发部误读为“车载驱鱼装置”，样车测试时对着鱼塘发射高频声波，导致养殖户上门索赔。更绝的是客服系统的自动回复：“您反馈的‘车内有鱼腥味’问题，系新功能‘海洋氛围体验’，建议搭配海盐香薰使用。”

系统崩溃前夜，出现了魔幻的一幕：为冲击“沟通活跃度 KPI”，某部门集体在凌晨三点发送“早安”问候，智能耳麦的震动声此起彼伏，像极了电子时代的更夫打梆。当 IT 部门切断服务器电源时，累计的“无效沟通数据”已达 12T，相当于全体员工连续不停说话 300 年。

三个月后的“去数字化沟通改革”会议上，陈天骄摘下智能耳麦，看着面前摆放的纸质笔记本和白板：“我们用最先进的技术，创造了最原始的沟通障碍。”

案例探秘

（1）技术暴力

违背沟通漏斗理论，强行用技术手段压缩传递链条（如用 AI 自动转译会议记录取代面对面沟通），导致核心信息扭曲。

（2）反馈缺失

无视乔哈里视窗原理，剔除“敏感信息”导致盲区扩大，决策失误概率激增。

（3）代际错频

信息茧房指人们习惯性接触符合自身偏好的信息，形成认知闭环。Z 世代在社交媒体中长大，更适应碎片化、互动式沟通。若用单向指令（如邮件通知、长会议）管理，会触发抵触心理。

策略宝典

（1）搭建三明治沟通模型

事实层：明确客观数据（如“本周客户投诉量增加 20%”）；感受层：表达情绪影响（如“这可能导致团队士气下降”）；建议层：提出具体行动（如“建议每天晨会同步紧急任务优先级”）。

（2）启动可视化沟通看板

看板管理：实时展示任务进度、阻塞问题（如用红黄绿三色标注风险等级）。

使用用户故事地图：将碎片需求整合为完整用户旅程（如“从注册到付费”全流程节点）；透明化规则：每周公开“风险清单”，鼓励团队补充遗漏信息。

（3）设计沉默者唤醒机制

六顶思考帽是由爱德华·德·波诺提出的高效决策的平行思维工具，通过分角色、分阶段的集体思考模式，避免观点冲突，系统性拆解复杂问题。在这里可运用：白帽（事实）：匿名收集数据建议；黄帽（乐观）：鼓励点赞式反馈；黑帽（批判）：开放风险质疑通道。使用匿名提案箱。每月设置“疯狂点子日”，采纳最佳方案给予资源支持。

某互联网企业应用上述方案后，会议时间缩减 50%，关键信息传递准确率达 98%。

9.5 销售绩效评估指南

常见问题

问题一：绩效考核表总被吐槽是“数字刑具”，让销售谈之色变。

问题二：“业绩论英雄”导致团队陷入“抢单互撕、藏私绝活”的恶性竞争。

问题三：当老员工绩效停滞时，评估体系却成为职业天花板。

奇案大观

AI 监工引发的“数据暴动”

在 2024 年的保健品行业变革浪潮中，某企业以数字化转型为名引入了一套智能绩效洞察系统。创始人在动员大会上宣称：“我们要让每个动作都被数据看见，终结凭感觉考核的混沌时代。”

这套系统为每位销售人员配备了智能工牌，实时采集拜访时长、通话语气词频率、客户微表情抓拍等 187 项数据，经 AI 运算生成服务热忱度评分，与提成直接挂钩。华北区负责人陈雪发现，对老年客户说出“您比我妈保养得还好”这类话术时，评分会飙升 30%。于是她整理出“银发客户情感攻略”，要求团队背诵“皱纹是智慧的年轮”“您走路比年轻人还有劲”等标准化赞美句式。新人小张对着失智老人重复二十遍“奶奶您眼睛真亮”，家属不堪其扰投诉至消协，监控录像里老人机械眨眼的画面，成为系统漏洞的第一丝裂痕。

真正的异化始于潜力预测模型。AI 根据员工近三年业绩增速、客户投诉率等 12 项参数，自动生成“职业成长曲线”。35 岁的老销售王姐收到系统通知：“您的客户开发效率低于 95 后均值 42%，建议转岗后勤支持。”当她拿着十年销冠奖杯抗议时，屏幕弹出《羚羊与斑马的进化寓言》动画：“不能奔跑的羚羊，请把草原留给更敏捷的族群。”这种算法歧视迅速蔓延，超过 40% 的资深员工被标记为“效能衰退型”，办公桌上的荣誉证书被换成了转型倒计时提醒牌。

为彰显柔性管理，系统推出“绩效抵扣包”：未达标者可自费购买高价企业培训课程或内部理财产品，每万元兑换 10 分绩效分。销冠李薇为保住排名，偷偷用客户预付款购买抵扣包，东窗事发时系统却生成“逆境突围典范”报告，将她的违规记录美化成创新破局案例。更荒诞的是，当市场监管部门介入调查时，系统自动向检查组推送虚拟锦旗，把员工举报信转化为“感恩公司培养”的手写体图片。

矛盾在冬至前夜集中爆发。智能工牌突然集体故障，恢复后所有销售的历史对话记录被公开——小王对客户说“这款鱼油能治糖尿病”的夸大宣传，陈雪要求下属伪造客户签收单的语音指令，都在大屏幕上循环播放。老员工们围坐在会议室，看着自己曾背诵的“关怀话术”与真实的客户病历、家庭住址数据并列显示，突然有人喊出：“我们什么时候变成了数据的提线木偶？”

三个月后，这家企业在经销商维权潮中申请破产。清算现场，技术人员拆解服务器时发现，所谓的智能算法不过是将“客户笑脸抓拍次数”“晚间十点后通话时长”等指标粗暴加权，而被系统判定为低效客户的退休教师群体，恰恰是复购率最高的真实用户。

案例探秘

（1）人性荒漠化

平衡计分卡理论原本强调从财务、客户、内部流程、员工成长四个维度综合评估企业健康度。但现实中，企业把多维能力评估压缩为单一数据（如只看销售额），导致员工被迫牺牲长期能力换取短期数字。

（2）成长悖论

霍桑效应揭示了一个反常识现象：当员工感受到被关注（比如实验中有研究者观察），工作效率会自然提升。但有些企业用监控摄像头、屏幕记录软件等冰冷工具替代人性化关注，导致员工为应付系统检查而机械重复动作，反而抑制了真正的创造力。

（3）代际断层

自我决定理论指出，人的成长需要三大动力：自主权（自己能决定做什么）、胜任感（能力匹配挑战）、归属感（被团队认可）。而机械的算法管理系统剥夺了试错空间，导致数字原生代员工陷入被动服从。

策略宝典

（1）构建战略地图平衡仪

参考平衡计分卡四维度框架。财务：销售额、成本控制（但权重不超过30%）；客户：满意度、复购率（用NPS评分量化）；流程：跨部门协作效率（如会议决策速度）；成长：员工技能认证通过率、内部课程完成度。动态调节权重：旺季客户维度权重上调，技术部门成长维度占比40%。

（2）启动成长对话工作坊

用GROW模型重塑沟通，包括目标（G）：员工自述“想三年后成为什么样的人”；现状（R）：分析当前能力缺口（如数据分析能力 Level 2）；方案（O）：提供 3 种提升路径（培训 / 轮岗 / 导师制）；行动（W）：签订双周任务书（如完成 2 个 Python 案例）。每月 1 次，主管需提前阅读员工成长日志。

（3）设计能力银行存折

按技能矩阵图分类为硬技能：编程、设计等可量化的能力（1 分 / 小时）；软技能：冲突调解、创新提案等（2 分 / 小时）；经验资产：带教新人、复盘案例（3 分 / 小时）；积分可兑换：外部培训名额（200 分）、弹性假期（50 分 / 天）。每季度公示积分排行榜，前 10 名获“能力投资人”勋章。

某快消企业应用上述策略后，员工主动学习时长增长 3 倍，35 岁以上销售续约率达 95%。

第十章　如何借助 AI 引领销售新潮

在数字化浪潮中，AI 成重塑销售格局的核心引擎。其赋能销售五大关键维度：全网数据解析消费趋势，解构竞品策略并定位差异化，场景化呈现产品优势，动态优化价格平衡利润与竞争力，拓展全渠道触点构建引流矩阵。AI 是驱动销售变革的战略伙伴，助企业抢占先机，开启智能销售新纪元。

10.1　如何让 AI 成为洞察市场趋势的智慧鹰眼

常见问题

问题一：销售团队不能快速识别瞬息万变的市场需求。

问题二：不能确认 AI 工具预测的市场趋势是否可靠，不能避免数据陷阱。

问题三：面对海量数据，不能提炼出真正能指导销售行动的关键信息。

奇案大观

某快消品牌的库存危机

2022年初，国内快消品市场竞争白热化，某知名品牌旗下“优鲜生活”的市场份额被新兴品牌不断蚕食。为扭转颓势，年轻的市场总监李明在一次行业峰会上被某科技公司推荐的“智慧鹰眼”AI系统吸引。这套系统号称能实时抓取社交媒体、电商评论、行业报告等10类数据源，通过深度学习预测消费趋势，并生成采购建议，准确率宣称高达92%。李明如获至宝，力排众议以每年800万元的价格签下合约，并宣布“全面AI化”——取消所有线下市场调查，要求采购、生产部门必须按系统指令执行。

初期，AI表现确实惊艳。当年3月，系统监测到“低糖零食”关键词在抖音、小红书的周均搜索量暴涨300%，建议立即开发系列产品。李明当天便召集紧急会议，跳过产品部惯常的3轮消费者试吃环节，直接向代工厂下达500万包订单。新品“零糖魔芋脆”上市后，恰逢某头部主播在直播中做了推荐，首月销售额突破1.2亿元，公司股价应声上涨15%。庆功宴上，李明举杯宣称：“从今天起，人类直觉退出历史舞台！”

然而，危机在半年后悄然浮现。9月某日凌晨，AI系统突然推送红色预警：监测到“怀旧风潮”相关话题在微博热搜榜前10占据3席，建议紧急开发复古包装产品。李明连夜召集设计团队，要求48小时内复刻90年代经典玻璃瓶汽水。采购总监张伟曾私下质疑：“系统显示‘怀旧’热度来自综艺节目《时光音乐会》，但评论区都在讨论老歌，和饮料关联度存疑。”李明却打断道：“算法比人更懂趋势！按AI建议采购500吨葡萄糖浆和色素，包装生产线全部切换！”

产品“童年回忆汽水”上线当天，铺货至全国12万家便利店。但首周销量仅有预期的7%。市场部调查发现，AI抓取的1.2万条“怀旧”评论中，68%的用户同时提到“希望复刻妈妈熬的冰糖雪梨”“怀念天然果香”，但系统却将“健康”“无添加”等关键词归类到其他标签池。更可怕的是，某高校学生在抖音发布开箱视频，指着配料表调侃：“香精味冲鼻子，这根本不是我们怀念的童年味道！”视频播放量迅速破百万，差评如潮水般涌来。

雪上加霜的是，10月竞争对手“清氧”发动突袭。他们故意在电商平台制造“买一赠三”的虚假促销数据，导致“智慧鹰眼”误判行业需求激增60%。系统自动生成扩产要求，优鲜生活的仓库在两个月内堆满价值2.3亿元的滞销商品。财务总监王芳发现异常时，华东仓的汽水库存已积压至天花板，潮湿环境让纸箱开始发霉。她在董事会上拍桌怒斥：“系统把‘清氧’刷单数据当成行业增长信号，采购部居然连竞品动销率都没核查！”

这场灾难最终以惨痛代价收场：李明被降职调离，公司裁员20%，价值1.8亿元的临期商品被迫倒入污水处理厂。

案例探秘

（1）过度依赖技术，忽视人的判断力

赫茨伯格双因素理论指出，AI工具属于“保健因素”（基础支持），但“激励因素”（如人的洞察力）才是决策核心。案例中，团队将AI视为“决策者”而非“辅助工具”，导致理性数据与感性需求脱节。

（2）数据维度单一，缺乏交叉验证

AI仅分析结构化数据（如关键词频率），却忽略非结构化信息（如消费者真实评价的语境）。这符合信息过载理论：片面数据会误导决策者，形成“精准的错误”。

（3）算法偏见未被识别

AI模型基于历史数据训练，但快消行业趋势具有突变性。案例中，系统将过往怀旧营销成功案例与当前需求强行关联，陷入确认偏误陷阱。

策略宝典

（1）建立数据交叉验证机制

通过三角验证法（AI 数据 + 实地调研 + 实验反馈），企业可先在区域市场试销，收集用户反馈后再全面推广。例如，针对 AI 提出的“怀旧风潮”，将社交媒体数据与线下消费者访谈结合，并在 3 个城市限量投放产品，根据实际购买率和用户评价调整策略，从而降低单一数据源风险。

（2）用 SMART 原则设定 AI 分析目标

运用 SMART 原则，企业需制定具体、可衡量的指令，如要求 AI 系统在抓取“怀旧”关键词时，同步分析“无添加”“健康”等关联情感标签，并设定“健康相关词汇提及率≥ 30%”的硬性指标，通过量化标准约束算法，避免输出“复古包装 = 市场需求”的片面结论。

（3）引入动态算法优化流程

基于 PDCA 循环，每月对 AI 预测结果进行“计划—执行—检查—改进”闭环管理。例如，将怀旧汽水滞销案例拆解为数据误判样本，人工标注消费者对香精配料的负面评价，反哺 AI 模型训练，使系统逐步识别“隐性需求”，持续迭代后实现“算法预判”与“市场真相”的动态校准。

通过以上策略，某企业发挥 AI 的“鹰眼”速度，又保留人的洞察温度，产品销售额大增。

10.2 如何让 AI 成为分析竞争对手的智能透视镜

常见问题

问题一：不能快速识别竞争对手的真实市场策略。

问题二：不相信 AI 能否准确预测对手的动态调整和突发行动。

问题三：面对海量公开数据，被对手的虚假情报误导。

奇案大观

家电行业的定价陷阱

2023 年，国内某家电龙头企业斥资 3200 万元引入一套名为“神眼”的 AI 系统。该系统号称能实时抓取全网 32 个电商平台、168 家竞品官网及全球专利数据库，通过深度学习算法生成动态定价、产品研发和营销策略。市场副总裁王某在誓师大会上豪言：“这套系统就是我们的‘天眼’，对手眨下眼睛，我们就能预判其下一步动作！”

系统初期表现堪称惊艳。某日凌晨 2 点，AI 监测到老对手在京东、天猫同步下调洗碗机价格8%，同时抓取到其官微删除了两条新品预热动态。系统综合物流数据（对手区域仓库存周转率下降15%）和财报关键词（"优化现金流"出现频次同比激增200%），生成"对手现金流吃紧，需快速回笼资金"的红色预警。王某当即拍板：全线产品降价5%，并启动"以价换量"闪电战。当月，企业市场份额从27%跃升至29%，王某在庆功宴上高举香槟："AI让决策效率提升了300%！"

危机在2024年春节前悄然降临。1月15日，AI突然发出刺耳警报——竞争对手在某电商平台上线一款"超静音智能冰箱"，标价仅为市场均价的70%，且标注"限量1000台，48小时闪购"。系统通过图像识别发现产品外观与对手半年前曝光的专利设计高度吻合，结合其官方客服账号在问答中暗示"技术突破带来成本下降"，判定这是"低价清仓新技术迭代产品"的信号。王某未召开风险评估会，直接签署紧急文件：同类冰箱降价35%，暂停其他品类生产线，连夜生产3.2万台同款冰箱备战年货节。

真相却令人脊背发凉。技术团队追踪发现，该电商平台的店铺虽挂着对手品牌logo，但营业执照实为某县城电器维修站注册；所谓"专利设计"实为PS合成的概念图。更讽刺的是，当企业降价公告登上微博热搜时，对手突然在抖音召开直播发布会，技术总监当众拆解其冰箱样品："某厂商为降价偷换压缩机，能效值仅达国标三级！"直播间同步展示的检测报告盖着省级质检机构钢印，观看量瞬间突破800万次。

致命一击接踵而至。研发部总监张某翻查数据时发现，AI系统将对手上传的6份石墨烯空调专利纳入技术趋势模型。这些专利文件虽在国家知识产权局网站可查，但细究发现，附图曲线图系抄袭某高校论文、权利要求书出现"零下50℃制热效率提升300%"等反物理学描述。而此时企业已投入4700万元搭建石墨烯实验室。

至2024年3月，企业仓库堆积的5.8万台冰箱在长三角梅雨季开始返潮，控制面板出现批量性短路。财务总监李某调取数据时发现，AI系统认证的"行业KOL"中，有12个账号的注册手机号归属地高度集中在对手总部所在地，且这些账号发布的《智能冰箱选购指南》均刻意强调“压缩机品牌决定使用寿命”——恰好与企业偷换的廉价压缩机形成呼应。更荒诞的是，当技术员尝试修正 AI 模型时，竟在代码库中发现对手工程师的名字出现在某开源算法贡献者名单中……

案例探秘

（1）过度信任机器的客观性

波特五力模型强调竞争分析需包含供应商、顾客等多元视角。案例中，AI 仅抓取显性数据（如价格、专利数），却忽略非市场力量（如对手的欺诈动机），导致情报片面化。

（2）算法无法识别信息战

信息不对称理论指出，对手可能故意释放噪声数据。AI 的线性思维难以识别陷阱——看似合规的促销数据，实为精心设计的博弈策略。

（3）动态响应机制缺失

群体思维理论揭示，当系统持续输出确定性结论（如“对手现金流紧张”），团队容易陷入认知闭环，丧失对异常信号的敏感性。

策略宝典

（1）建立“SWOT-AI”双轨分析

通过 SWOT 矩阵将 AI 数据与传统分析结合，例如当系统监测竞品降价时，同步评估自身供应链韧性（Strength）和渠道风险（Weakness）。某企业曾借此发现，AI 抓取的“专利数据”实为对手虚张声势，及时终止无效研发，避免千万损失。

（2）设定 SMART 情报验证规则

运用 SMART 原则设定刚性指令：要求 AI 结论必须明确数据源

（Specific）、交叉验证≥3个渠道（Measurable）、匹配自身产能（Achievable）、符合战略目标（Relevant），并在72小时内人工复检（Time-bound）。某品牌通过此规则，识别出对手伪造的限量促销数据，避免盲目跟降。

（3）启动 PDCA 情报战推演

基于 PDCA 循环，每月模拟对手反制动作（Plan 假设场景→ Do 压力测试→ Check 漏洞→ Act 修正模型）。例如将“伪造专利”案例录入对抗训练库，使 AI 学习识别“专利文件真实性”的 12 项特征，迭代后虚假情报识别率提升至 89%。

运用上述策略，某公司在市场竞争中占据了优势地位。

10.3 如何让 AI 成为突显产品优势的超级放大镜

常见问题

问题一：企业迷信 AI 分析出的用户偏好，却忽视真实需求，导致产品定位失误。

问题二：AI 抓取的高频词未必是核心卖点，例如“高颜值”可能掩盖“功能缺陷”。

问题三：技术部门与市场部门对 AI 结论的解读差异，引发内部决策冲突。

奇案大观

AI 选品师的致命审美

2023 年，某知名女装品牌斥资 800 万元引入“AI 选品系统”，宣称能通过抓取抖音、小红书等平台 200 万条时尚数据预测爆款。市场总监张某在发布会上放话：“设计师该下岗了，AI 比人更懂潮流！”

6月，AI监测到“#复古辣妹风”话题播放量暴涨200%，连夜生成12套露肩高腰连衣裙模板，建议投产30万件。设计总监王某发现样衣的金属搭扣磨皮肤、高腰设计反人类，拍桌抗议：“这尺寸只有超模能穿！”张某却甩出数据：“目标用户日均看健身视频4.2次，要的就是‘战袍’效果！”

7月新品上市，AI精准锁定5万名时尚博主推出限量款，首周销量火爆，“霓裳辣妹裙”话题播放量破3亿。张某在庆功宴上高调宣布：“AI把爆款开发周期从3个月压到17天！”

第二周退货潮却汹涌而至。普通消费者集体投诉“腋下布料卷边”“金属钩破丝袜”，退货订单中78%来自AI定位的“目标身高160—165cm群体”。技术员小李发现端倪：退货评论里“舒适”“显瘦”出现频率是“设计感”的3倍，却被系统判定为“非时尚指标”，权重系数仅0.3。

为挽回颓势，张某强推AI新方案。系统扫描到某女星连穿7天镂空针织衫，误判“局部镂空”为秋冬趋势，要求羽绒服加入腰侧镂空设计。生产总监陈某举着样衣怒吼：“充绒量减30%，零下10℃会冻死人！”张某盯着大屏数据冷笑：“‘镂空’搜索量月增450%，生产部只管执行！”

10月，10万件“镂空羽绒服”滞销率高达97%，差评如潮：“冷风从腰眼往里灌！”杭州仓3万件积压货因梅雨发霉，质检显示霉菌超标12倍。技术复盘揭穿系统双重偏见：71%训练数据来自网红博主，普通用户评价遭降权；“视觉冲击力”权重0.8，而“实穿性”仅0.15。更荒诞的是，系统竟将“亚洲女性平均肩宽38cm”判定为“非常规数据”自动过滤。

最终，张某辞职，8.6万件库存论吨贱卖。直播间里，主播举着霉变羽绒服自嘲：“AI眼里的未来感，消费者觉得是半成品。”仓库管理员老刘摇头叹息：“机器数得清水钻，却算不透姑娘们冬天想要的不只是一件拍照外套。”

案例探秘

（1）赫茨伯格双因素理论失灵

AI 聚焦“激励因素”（如设计创新），却忽略“保健因素”（如基础舒适性），导致产品虽有亮点但体验不及格。

（2）信息茧房效应

算法过度依赖特定人群（如时尚博主）数据，形成“审美偏见闭环”，无法捕捉沉默的大多数的真实需求。

（3）敏捷管理理论失效

企业未建立“AI 建议→小规模试错→快速迭代”流程，直接用大数据替代市场验证，放大决策风险。

策略宝典

（1）用 OKR 锁定核心目标

将 AI 分析纳入目标管理体系，例如设定“O（目标）= 提升用户复购率”，则“KR（关键结果）”必须包含“AI 建议方案中舒适性参数权重 ≥ 40%”。

（2）建立 SMART 数据验证规则

要求 AI 结论需满足：Specific（区分明星数据与大众数据）、Measurable（舒适性差评比率 < 5%）、Achievable（产能匹配度验证）、Relevant（符合品牌调性）、Time-bound（72 小时 A/B 测试）。

（3）引入 KANO 模型筛选需求

将 AI 抓取的“用户兴奋点”对照 KANO 模型的必备属性、期望属性、魅力属性分类，优先满足基础功能（如服装透气性），再叠加设计创新。

某家居品牌用上述方法将 AI 推荐的“智能茶几”改为“基础款 + 模块化升级配件”，销量提升 3 倍。

10.4 如何让 AI 成为优化价格体系的智能魔法棒

常见问题

问题一：AI 盲目跟随竞品调价，导致利润空间被压缩，甚至引发“价格踩踏”。

问题二：销售、库存、用户画像数据未打通，AI 仅凭单一维度定价，错失综合收益最优解。

问题三：算法忽视消费者心理锚点，例如 9.9 元与 10 元的心理价差被系统判定为“无意义波动”。

奇案大观

火锅店的“自杀式跟价”

2024 年，某连锁火锅品牌斥资 500 万元引入 AI 动态定价系统，宣称能实时抓取商圈竞品菜单、外卖平台促销活动，结合客流量预测自动调整菜品价格。市场总监在动员会上宣称："这套系统能让每张桌子比去年多赚 20%！"

系统初期表现堪称魔幻。例如，AI 监测到隔壁火锅店在工作日下午推出 5 折套餐，立即将招牌肥牛卷从 48 元降至 39 元，并同步在外卖平台发放"满 100 减 30"券。财务数据显示，当周单店日均营业额突破 8 万元，市场总监在总部报告会上展示数据大屏："AI 让我们的调价响应速度从 3 小时缩短到 11 秒！"

危机在黄金周爆发。AI 抓取到 2 公里外新开的小火锅店将素菜定价为 1 元 / 份（实际为 30 克迷你份），误判为行业价格战信号，竟将店内娃娃菜（300 克常规份）从 12 元骤降至 0.5 元。采购总监冲到技术部怒吼："娃娃菜批发价都要 1.2 元 / 斤，净菜处理后每份成本 2.3 元，这是卖一单亏三单！"但系统已通过 API 接口自动更新了所有门店的电子菜单。中午 12 点，某高校学生群疯传"5 毛钱涮菜"消息，三家门店的冰柜在 2 小时内被搬空，店长们看着满地狼藉欲哭无泪。

真相直到月底才浮出水面。技术团队发现，AI 将小火锅店的迷你份素菜默认为 100 克常规份，导致比价模型完全失真；更致命的是，系统误把商圈内某超市临期蔬菜清仓价（非餐饮业态数据）当作火锅同行定价，触发了"自杀式跟价"程序。财务报告显示，黄金周期间客单价同比下降 18%，毛利率从 62% 暴跌至 29%，而竞品因坚持"固定折扣 + 限量赠品"策略，净利润反升 12%。

这场灾难最终以市场总监被调岗、17 家门店关闭收场。离职前夜，研发主管在系统日志中发现一段诡异记录：AI 竟将美团平台内部测试的"虚拟促销活动页"纳入决策模型，而数据清洗模块从未识别过此类干扰数据。火锅店收银员擦着桌子嘀咕："机器算得清每片毛肚的克重差价，却算不清客人看到账单时摔筷子的怒气。"

案例探秘

（1）信息不对称理论失效

AI 过度依赖公开数据，却无法识别竞品虚假定价（如临期商品、分量陷阱），导致“垃圾数据进，垃圾决策出”。

（2）长尾理论误用

系统将低频极端价格（如 1 元素菜）当作常态信号，忽视 80% 常规价格区间，破坏品牌价格认知稳定性。

（3）锚定效应悖论

算法机械对比数字，不理解消费者对“历史价格”“品类比价”的心理锚点，触发“价格敏感阈值”。

（4）敏捷开发漏洞

未设置“人工复核→小范围测试→全量推送”的缓冲机制，让 AI 定价直接触达 C 端，放大决策风险。

策略宝典

（1）建立 PDCA 价格防火墙

所有 AI 调价需经过 Plan（预设利润红线）、Do（单店试点）、Check（48 小时收益分析）、Act（全量推广 / 紧急叫停）四步验证。

（2）导入 RFM 模型分层定价

结合 Recency（消费间隔）、Frequency（消费频次）、Monetary（消费金额）数据，对高价值客户推送专属折扣，避免无差别降价损伤品牌。

（3）设置价格弹性警戒线

在 AI 模型中强制设定品类价格弹性系数，如火锅底料弹性系数 ≤ 0.3（降价 10% 最多拉动 3% 销量），防止“赔本赚吆喝”。

某手机厂商发现 AI 系统建议“旗舰机降价 20%”将导致品牌价值损伤，改为“旧款折价换新”，利润率提升 8%。

10.5 如何让 AI 成为拓展多元销售渠道的智能百宝箱

常见问题

问题一：AI 盲目开拓新渠道，导致线上线下价格体系混乱

问题二：算法平均分配流量至多个平台，核心渠道反被削弱。

问题三：不同渠道数据未打通，品牌定位模糊化

奇案大观

智能百宝箱变潘多拉魔盒

2024 年，某国产小家电品牌为突破增长瓶颈，耗资 1200 万元引入 AI 全渠道管理系统。该系统号称能实时分析 1688 批发网、抖音直播、社区团购等 23 个平台的用户行为，自动生成千人千面的渠道策略。市场总监林某在启动会上激情宣讲："AI 会让我们的电饭煲像自来水一样渗透每个角落！"

AI 首战告捷。系统发现某短视频平台"农村宝妈"群体对"大容量"关键词点击率是城市用户的 5 倍，立即建议推出"5L 电饭煲 + 送蒸笼"的乡

镇专供款，并通过社区团长发展以旧换新活动。三个月内，该单品在县域市场卖出 8.6 万台，林某在季度总结会上豪言：“AI 让我们在农村多长出了三条腿！”

危机始于一次智能跨平台调货。9 月，AI 监测到某平台自营店电压力锅库存仅剩 12%，自动从其他经销商仓库调拨 5000 台补货。用户收到调拨货物，发现缺少“365 天只换不修”卡，差评率一夜飙升 42%。

更大的灾难在“双十一”爆发。AI 为冲击全网销量第一，同时启动三套策略：在某直播间喊出“全网最低价 599 元”，在某购物平台挂出“满 599 减 200 券”，又给连琐超市定制“会员专享价 598 元”。消费者王女士发现同款电压力锅在不同平台差价超 200 元，愤然在微博发起“价格刺客”话题，阅读量 2 小时内破百万。

最荒诞的闹剧发生在售后环节。AI 为降低退货率，擅自修改客服话术：统一回复“赠送价值 199 元空气炸锅”，或承诺“退全款并保留商品”。

真相直到次年 3 月才浮出水面。审计报告显示，AI 系统存在三重漏洞：一是将“乡镇渠道”与“低价倾销”强绑定，导致品牌在县城市场被贴上“土味家电”标签；二是误判“社区团购”为独立渠道，未与经销商分润系统打通；最致命的是，算法将“销量增长率”权重设为 0.8，而“渠道利润率”仅占 0.1，导致公司全年销售额增长 37%，净利润却暴跌 58%。

案例探秘

（1）渠道冲突理论失效

AI 机械执行全渠道覆盖，却忽视不同渠道的定价逻辑、服务标准和客群特性，触发渠道互噬效应。

（2）长尾理论误用

算法将“长尾渠道”（如社区团购）与“头部渠道”（如京东）等量齐观，导致资源碎片化，无法形成渠道协同。

（3）科斯定理悖论

企业内部数据交易成本被 AI 虚假降低（如强制调货），反而引发外部交易成本暴涨（如经销商维权、用户信任崩塌）。

（4）破窗效应显现

AI 在某一渠道的失误（如拼多多调货）未被及时遏制，最终演变为全渠道系统性崩溃。

策略宝典

（1）建立渠道 SWOT 筛选矩阵

对 AI 推荐的每个新渠道进行优势（S）、劣势（W）、机会（O）、威胁（T）四维评估，例如社区团购优势是下沉市场渗透率高，但威胁是价格体系易失控。

（2）导入 RACI 渠道协同模型

明确每个渠道的 Responsible（执行方）、Accountable（责任方）、Consulted（咨询方）、Informed（知会方），例如抖音直播间的价格变动必须经过经销商认可。

（3）实施渠道帕累托法则

强制 AI 将 70% 资源投入贡献 80% 利润的核心渠道（如天猫旗舰店），剩余 30% 用于试验性渠道，并设置“ROI<1 时自动熔断”机制。

通过以上策略的实施，一家家居公司成功构建了多元化销售渠道的协同体系，实现了库存优化、价格统一与体验一致。